de la autoestima al
egoísmo
miedos culpa

de la autoestima al
egoísmo
miedos culpa

nuevo extremo

DIRECTOR EDITORIAL
Miguel Lambré

DISEÑO DE TAPA E INTERIOR
Estudio Kogan-Hernáez

PRODUCCIÓN
Tomás Lambré

CORRECCIÓN Y EDICIÓN
Karina Bonifatti

PRIMERA EDICIÓN
mayo de 1999

ISBN: 950 - 9681 - 80 - 6

DERECHOS EXCLUSIVOS DE PUBLICACIÓN:
© Magazines S.A. Fax: (54-11) 4773-5720
e-mail: magazines@arnet.com.ar

DISTRIBUCIÓN Y SELLO EDITORIAL:
Editorial del Nuevo Extremo S.A.
Juncal 4651 (1425) Bs. As. Argentina
Tel / Fax: (54-11) 4773-3228 / 8445
e-mail: nextremo@arnet.com.ar

Me siento en mi computadora a escribir el prólogo de este libro y sólo me aparece la gratitud.

Gracias a Perla, responsable de la idea de este libro, que pacientemente grabó una y otra vez las charlas que contiene.

Gracias a Miguel Lambré, quien insistió y trabajó para hacer de esa idea una realidad.

Gracias a Karina Bonifatti, por ayudarme a traducir mis charlas en un texto escrito.

Gracias a los lectores, que amorosamente me animan con sus cartas y halagos a seguir publicando.

Gracias a cada uno de los asistentes a las charlas, por haber hecho posible que éstas sucedieran.

Y por último, como suele pasarme después de haber puesto en palabras mi emoción, aparece algo más. Aparecen mis ganas de hacerles un regalo...

Este cuento me lo contó hace algunos meses un amigo, al cruzarnos en el estacionamiento:

A una estación de trenes llega, una tarde, una señora muy elegante. En la ventanilla le informan que el tren está retrasado y que tardará aproximadamente una hora en llegar a la estación.

Un poco fastidiada, la señora va al puesto de diarios y

compra una revista, luego pasa por el kiosco y compra un paquete de galletitas y una lata de gaseosa.

Preparada para la forzoza espera, se sienta en uno de los largos bancos del andén. Mientras hojea la revista, un joven se sienta a su lado y comienza a leer un diario. Imprevistamente la señora ve, por el rabillo del ojo, cómo el muchacho, sin decir una palabra, estira la mano, agarra el paquete de galletitas, lo abre y después de sacar una comienza a comérsela despreocupadamente.

' La mujer está indignada. No está dispuesta a ser grosera, pero tampoco a hacer de cuenta que nada ha pasado; así que, con gesto ampuloso, toma el paquete y saca una galletita que exhibe frente al joven y se la come mirándolo fijamente.

Por toda respuesta, el joven sonríe... y toma otra galletita.

La señora gime un poco, toma una nueva galletita y, con ostensibles señales de fastidio, se la come sosteniendo otra vez la mirada en el muchacho.

El diálogo de miradas y sonrisas continúa entre galleta y galleta. La señora cada vez más irritada, el muchacho cada vez más divertido.

Finalmente, la señora se da cuenta de que en el paquete queda sólo la última galletita. "No podrá ser tan caradura", piensa, y se queda como congelada mirando alternativamente al joven y a las galletitas.

Con calma, el muchacho alarga la mano, toma la última galletita y, con mucha suavidad, la corta exactamente por la mitad. Con su sonrisa más amorosa le ofrece media a la señora.

– ¡Gracias! –dice la mujer tomando con rudeza la media galletita.

– De nada –contesta el joven sonriendo angelical mientras come su mitad.

El tren llega.

Furiosa, la señora se levanta con sus cosas y sube al tren. Al arrancar, desde el vagón ve al muchacho todavía sentado en el banco del andén y piensa: "Insolente".

Siente la boca reseca de ira.
Abre la cartera para sacar la lata de gaseosa y se sorprende al
encontrar, cerrado, su paquete de galletitas... ¡intacto!

Empecé a trabajar en docencia pensando que deseaba compartir algunas galletitas con los demás.

Ahora, diez años después, me doy cuenta de que son ustedes los que, todo este tiempo, han estado compartiendo las suyas conmigo.

Otra vez... Gracias.

Haedo, domingo 25 de abril de 1999

Dr. Jorge M. Bucay
Dirección postal: Tucumán 2430 4° J
C.P. 1052 Buenos Aires Argentina
e-mail: hamacom@hotmail.com.

de la autoestima al
egoísmo
miedos culpa

PARTICIPANTES

Chica sonriente
Joven embarazada (Sandra)
Flaco alto cabezón de la segunda fila
Señora con nene gordito (Chavela)
Caballero con pipa
Jóven calvo del fondo
Señora que tose
Señor de bigotitos
Señora con cartera en la falda
Señora con cara de abogada (Sara)
Chica sexy
Hombre de aspecto pensativo
Estudiante de primera fila (Carlos)
Ama de casa
Señor con cara de psicoanalista
Señora que cuchichea
Señora de voz monótona
Señor con aire de indiferente (José)
Mina que estuvo en otra charla (Susana)
Miguel Lambré (editor)

DE LA AUTOESTIMA AL EGOÍSMO

Shopping. Sala para conferencias de una librería, sillas blancas de plástico. Gente haciendo cola afuera. Algunos se saludan, se reconocen. Muy cerca, Jorge toma un café con Miguel, su editor. Aviso de largada. Jorge se enjuga la frente con un pañuelo y sale a escena. En el centro del espacio destinado para él, una silla giratoria azul; cerca, a la izquierda, una pequeña mesa con botella plástica de agua mineral y vasos. A la derecha, el rotafolios (indispensable). Lleva saco, camisa salmón e infaltables tiradores, esta vez grises. Cuando hace su ingreso, todavía hay gente terminando de acomodarse. Algunos, sentados hace rato, chistan. Otros aplauden.

J. B.: Llegar a un lugar donde hay gente que yo no conozco y tiene la bondad de decirme que me conoce, es para mí una experiencia fantástica, absolutamente desbordante. Por eso, primero que nada, muchas gracias por estar aquí. Porque si yo tuviera que elegir, jamás usaría un sábado a la mañana para escuchar una charla de Bucay; así que les agradezco a ustedes haber hecho esta elección.

Habitualmente, cuando me siento frente al público que se reúne para escuchar las cosas que intento mostrar, elijo algún cuento que ilustre esa situación. Este, que recuerdo hoy, es un cuento sufí. Los sufís se constituyeron en una corriente mística -que nosotros conocemos más como la filosofía de los derviches- que utilizaba la parábola y el cuento para transmitir sabiduría, como casi todos los pueblos místicos de la historia.

El protagonista de las historias sufís es siempre el mismo, se llama Nasrudím y es un personaje muy particular. A veces es un viejo decrépito, a veces es un joven; otras, un sabio; otras, un torpe, un tonto. También aparece como un hombre adinerado, o como un mendigo. Y siempre se llama Nasrudím. Que esos personajes tan distintos tengan el mismo nombre quizá sirva para mostrar que nosotros somos, también, cada uno de esos personajes. O, tal vez, que tenemos la capacidad de ser de diferentes maneras: a veces sabios, a veces tontos, a veces jóvenes, a veces decrépitos.

Específicamente en esta historia, Nasrudím es un hombre que, por alguna razón que no se sabe, ha cosechado fama de ser lo que entre los sufis se denomina "un iluminado", esto es, alguien que ha logrado un cierto conocimiento sobre cuestiones importantes y trascendentes para otros. La fama que tiene Nasrudím es absolutamente falsa. Porque él sabe que, en realidad, no sabe nada; que todo lo que los demás suponen que él sabe es solo una creencia. Está convencido de que lo único que él ha hecho es viajar y escuchar; pero que, con certeza, no tiene grandes cosas para decir. Y sin embargo, cada vez que llega a una ciudad o a un pueblo, la gente se reúne para escuchar su palabra creyendo que tiene cosas importantes para decir.

El cuento empieza cuando Nasrudím llega a un pequeño pueblo en algún lugar de Medio Oriente. Era la primera vez que estaba en ese pueblo y una multitud se había reunido en un auditorio para escucharlo. Nasrudím, que en verdad no sabía qué decir, porque él sabía que nada sabía, se propuso improvisar algo. Entró muy seguro y se paró frente a la gente. Abrió las manos y dijo:

- Supongo que si ustedes están aquí, ya sabrán qué es lo que yo tengo para decirles.

La gente dijo:

- No... ¿Qué es lo que tienes para decirnos? No lo sabemos. ¡Háblanos!

Nasrudím contestó:

- Si ustedes vinieron hasta aquí sin saber qué es lo que yo vengo a decirles, entonces no están preparados para escucharlo.

Dicho esto, se levantó y se fue.

La gente se quedó sorprendida. Todos habían venido esa mañana para escucharlo y el hombre se iba simplemente diciéndoles eso. Habría sido un fracaso total si no fuera porque uno de los presentes -nunca falta uno- mientras Nasrudim se alejaba, dijo en voz alta:

- ¡Qué inteligente!

Y como siempre sucede, cuando uno no entiende nada y otro dice "¡qué inteligente!", para no sentirse un idiota uno repite: "¡sí, claro, qué inteligente!". Y entonces, todos empezaron a repetir:

- ¡Qué inteligente!

- ¡Qué inteligente!

Hasta que uno añadió:

- Sí, qué inteligente, pero... qué breve.

Y otro agregó:

- Tiene la brevedad y la síntesis de los sabios. Porque tiene razón. ¿Cómo nosotros vamos a venir acá sin siquiera saber qué venimos a escuchar? Qué estúpidos que hemos sido. Hemos perdido una oportunidad maravillosa. Qué iluminación, qué sabiduría. Vamos a pedirle a este hombre que dé una segunda conferencia.

Entonces fueron a ver a Nasrudím. La gente había quedado tan asombrada con lo que había pasado en la primera reunión, que algunos habían empezado a decir que el conocimiento de él era demasiado para reunirlo en una sola conferencia.

Nasrudím dijo:

- No, es justo al revés, están equivocados. Mi conocimiento apenas alcanza para una conferencia. Jamás podría dar dos.

La gente dijo:

- ¡Qué humilde!

Y cuanto más Nasrudím insistía en que no tenía nada para decir, más la gente insistía en que querían escucharlo una vez más. Finalmente, después de mucho empeño, Nasrudím accedió a dar una segunda conferencia.

Al día siguiente, el supuesto iluminado regresó al lugar de reunión, donde había más gente aún, pues todos sabían del éxito de la conferencia del día anterior. Nasrudím se paró frente al público e insistió en su técnica:

- Supongo que ustedes ya sabrán qué he venido a decirles.

La gente estaba avisada para cuidarse de no ofender al maestro con la infantil respuesta de la anterior conferencia; así que todos dijeron:

- Sí, claro, por supuesto que lo sabemos. Por eso hemos venido.

Nasrudím bajó la cabeza y añadió:

- Bueno, si todos ya saben qué es lo que vengo a decirles, yo no veo la necesidad de repetir.

Se levantó y se volvió a ir .

La gente se quedó estupefacta; porque aunque ahora habían dicho otra cosa, el resultado había sido exactamente el mismo. Hasta que alguien, otro alguien, gritó:

- ¡Brillante!

Y cuando todos oyeron que alguien había dicho "¡brillante!", el resto comenzó a decir:

- ¡Sí, claro, este es el complemento de la sabiduría de la conferencia de ayer!
- ¡Qué maravilloso!
- ¡Qué espectacular!
- ¡Qué sensacional, qué bárbaro!

Hasta que alguien dijo:

- Sí, pero... mucha brevedad.
- Es cierto -se quejó otro.
- Capacidad de síntesis -justificó un tercero.

Y enseguida se oyó:

- Queremos más, queremos escucharlo más. ¡Queremos que este hombre nos dé más de su sabiduría!

Entonces, una delegación de los notables fue a ver a Nasrudím para pedirle que diera una tercera y definitiva conferencia.

Nasrudím dijo que no, que de ninguna manera; que él no tenía conocimientos para dar tres conferencias y que, además, ya tenía que regresar a su ciudad.

La gente le imploró, le suplicó, le pidió una y otra vez; por sus ancestros, por su progenie, por todos los santos, por lo que fuera. Aquella persistencia lo persuadió y, finalmente, Nasrudím aceptó temblando dar la tercera y definitiva conferencia.

Por tercera vez se paró frente al público, que ya eran multitudes, y les dijo:

- Supongo que ustedes ya sabrán qué he venido yo a decirles.

Esta vez, la gente se había puesto de acuerdo: sólo el intendente del poblado contestaría. El hombre de primera fila dijo:

- Algunos sí y otros no.

En ese momento, un largo silencio estremeció al auditorio. Todos, incluso los jóvenes, siguieron a Nasrudím con la mirada.

Entonces, el maestro respondió:

- En ese caso, los que saben... cuéntenles a los que no saben.

Se levantó y se fue.

Público en general: *(Risas).*

J.B.: Me acuerdo de esta historia por dos o tres razones importantes. La primera, porque yo seguramente no sé lo que algunos de ustedes creen que sé. La segunda, porque aquel Jorge Bucay que algunos de ustedes conocen a través de mis libros, es una síntesis de las pocas cosas que he cosechado de otros, y que escribí solamente en aquellos mejores momentos de mi vida, que, de hecho, son los únicos momentos en los cuales yo puedo escribir. Porque yo no soy un escritor, así que, para escribir, necesito estar en uno de esos momentos. Y la tercera razón por la cual me acuerdo de este cuento, es porque el tema que vamos a tratar hoy seguramente comprende aspectos que algunos conocen y otros no.

Se trata, entonces, de cosas que algunos les contarán a otros. Vamos a ver si podemos, entre todos, armar esta charla. Porque esto es una charla, no es una conferencia. Las conferencias son muy aburridas para mi gusto y tienen dos problemas. El primero es que el público se duerme y el conferencista se siente muy defraudado de que esto ocurra; y el segundo problema es que se duerme el conferencista, lo cual, en general, termina con la conferencia.

Público en general: *(Risas).*

J. B.: Como vamos a necesitar de todos aquí, si ustedes me ven cabecear y dormirme, háganme una pregunta rápidamente para que me despierte y sepa que algo no está sucediendo bien. Sobre todo, necesito que ustedes participen, que colaboren con lo que va sucediendo.

Cuando pensamos cómo se ha dado la historia del conocimiento humano, advertimos que en cualquier área ocurre más o menos lo mismo. Vamos a demostrarlo con un ejemplo, para que ustedes entiendan qué quiero decir.

(Dibuja en el rotafolios)

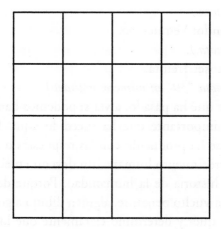

J. B.: ¿Cuántos cuadrados hay acá?
Chica sonriente: Dieciséis.
(Jorge anota "16" al lado de la cuadrícula.)
Público en general: *(Silencio).*
J. B.: *(Repite)* ¿Cuántos cuadrados hay acá?
Parte de público: 16...16...16...
Joven embarazada: Más. Muchos más.
J. B.: ¿Muchos más?

Joven embarazada: Diecisiete.

(Jorge anota "17" debajo del "16".)

Flaco alto cabezón: Más de diecisiete.

Señora con nene gordito: Veintiuno.

(Jorge anota "21" debajo del "17".)

Caballero con pipa: No, cuatro.

Público en general: *(Superposición de voces).*

J. B.: ¿Cuántos? Dieciséis ya sabemos. Pero alguien vio más de dieciséis.

Flaco alto cabezón: Veinticuatro.

(Jorge anota.)

Calvo del fondo: Veinticinco.

(Jorge anota.)

Señora que tose: Treinta.

(Jorge anota "30" en números grandes.)

J. B.: Fíjense qué ha pasado, a ver si podemos darnos cuenta de esto tan importante que ha sucedido aquí. Este movimiento que se ha producido con las respuestas de ustedes es la clave del crecimiento humano, un devenir en el cual se define toda la historia de la humanidad. Porque desde que el hombre se ha vuelto pensante, alguien dibujó algo o vio algo -no importa qué- y determinó claramente que lo que había allí eran, por ejemplo, 16 cuadrados, que es lo que hay. Porque hay dieciséis, los podemos contar.

Hasta que alguien, cualquiera, vio diecisiete. Alguien observó -uno de los que están aquí- que había algo más de lo que se veía aparentemente. Y sin duda, lo que esa persona vio es que, además de los dieciséis cuadrados pequeños, había un cuadrado grande, de diferente tamaño pero tan visible como los otros dieciséis. Y cuando ese alguien dijo "diecisiete", otro pensó: "Si el cuadrado grande que contiene a los más pequeños se suma como uno más, entonces quiere decir que se pueden contar otros cuadrados de diferente tamaño". Y entonces se dio cuenta de que no sólo los dieciséis cuadrados formaban un nuevo cuadrado sino que, además, cada cuatro cuadrados pequeños la figura volvía a repetirse. Y entonces ese alguien dijo: "veintiuno". Pero ese que dijo "veintiuno" lo hizo porque otro había dicho "diecisiete". El que dijo "No, cuatro" demostró algo muy importante, y es que lo emotivo no consiste sólo en ver más, sino en ver, en ver algo diferente y animarse, porque hay que animarse a decir "No, cuatro" en voz alta.

Esto es muy interesante, porque después alguien vio veinticuatro. ¿Y cómo vio los veinticuatro? A los primeros dieciséis sumó los cuatro cuadrados formados cada cuatro pequeños en los ángulos del cuadrado mayor, y probablemente agregó luego los formados cada tres. Y es interesante que haya visto veinticuatro, sobre todo porque se olvidó del grandote.

Es decir, el que vio veinticuatro no vio lo que había visto el que observó diecisiete. Y cuando dijo "veinticuatro", alguien advirtió: "veinticinco". Ese que dijo "veinticinco" juntó lo que el anterior había descubierto más lo que él había descubierto, y recién entonces vio veinticinco. Y así, hasta que alguien vio treinta, que es la cantidad de cuadrados que hay. Pues sumando los veinticinco observados hasta allí más los cuatro cuadrados laterales -no ya los que están sobre los ángulos- y el del centro, llegamos a esa cantidad.

La humanidad funciona así. Para que la humanidad llegue a progresar hace falta que, antes que otros, a contrapelo de los otros, en contra incluso de la opinión de los otros, haya alguien que diga: "yo veo más" o "yo veo menos". No importa si está equivocado o no.

En una oportunidad similar a esta, le pregunté a alguien que veía diecisiete cómo los veía, y entonces esa persona -muy graciosa, por cierto- me dijo: "Dieciséis ahí y vos, diecisiete." Y sin embargo, esos "diecisiete" dispararon que el resto siguiera viendo veinte, veintiuno, veinticuatro, veinticinco, veintiséis, treinta. Fantástica historia la del conocimiento humano.

Lo que vamos a hacer hoy entre todos es ver si podemos lograr que, a partir de algunas cosas que yo dibuje y diga, ustedes vayan diciendo "diecisiete" o "veinte", "veintiuno", etc., para ver si podemos llegar a los "treinta". Esto es, intentaremos reproducir este mecanismo que se ha dado respecto del gráfico pero en relación al tema que hoy nos convoca, que es el camino que va de la autoestima al egoísmo.

En principio, sería interesante decir que cuando hablamos de autoestima o de egoísmo estamos hablando de dos palabras abstractas. Y como yo no puedo desprenderme de mi vocación docente, me gustaría empezar por definir cada una de ellas.

Les voy a pedir a ustedes que me ayuden. ¿Qué significa o qué es la autoestima? ¿Qué quiere decir esta palabra? Seguro que la han escuchado muchas veces, pues es una palabra muy utilizada últimamente.

Joven embarazada: Valorarse uno mismo.
Chica sonriente: Quererse.
Flaco alto cabezón: Cómo uno se ve.
Señor de bigotitos: Aceptarse.
Calvo del fondo: Hacerse respetar.
Señora que tose: Hacer buenas elecciones.
Señora con cartera en la falda: Superarse.
J. B.: ¡Muy bien! Linda palabra "superarse".

Caballero con pipa: Perdonarse.

Señora con cara de abogada: Crecer.

J. B.: ¿Hay algo que falte aquí en esta definición?

Chica sexy: Jugarse, concretar el deseo.

Hombre de aspecto pensativo: Reconocer la propia capacidad.

J. B.: ¿Hay más? No. Muy bien. La verdad es que seguramente esto es así, esto es la autoestima porque la palabra se compone de auto y estima. Ahora bien, estimar, ¿qué quiere decir este verbo? No tiene que ver con el afecto como lo usamos vulgarmente, porque cuando uno dice "estimado", ¿de qué habla?

Joven embarazada: De afecto.

J. B.: De acuerdo. Pero en este terreno no importa la acepción afectiva de la palabra; aquí el verbo <u>estimar</u> está relacionado con el <u>valor</u>. Se usa después relacionado con lo afectivo, como bien vos decís, por extensión. Y está muy bien, porque se entiende que si vos querés, valorás. Por eso se dice "te estimo" como sinónimo de "te quiero".

Pero, en este contexto, estimación significa valoración. ¿Por qué? Porque estimación viene de medir, y medir se vincula a la idea de darle a las cosas el valor que tienen. Cuando uno habla de algo <u>estimativamente</u> dice que más o menos tiene tal dimensión, tal medida, tal estructura, tal valor.

Pues bien, si estima es valoración, el prefijo <u>auto-</u>, ¿qué es?

Señor de bigotitos: Uno mismo.

J. B.: Muy bien. Como su nombre lo indica, entonces, autoestima significa la capacidad de evaluarse o valorarse a sí mismo. En consecuencia, que alguien alcance un buen nivel de autoestima significa que se valora adecuadamente.

Sin embargo, hay que aclarar lo siguiente: No es autoestima pensar que yo soy alto, rubio y de ojos celestes. Eso es un delirio. No es tener la autoestima alta pensar que yo soy lo que no soy. La autoestima consiste en saber que soy lo que verdaderamente soy. Y digo esto porque en la actualidad es común malinterpretar el concepto de autoestima sustituyéndolo por la hipocresía de decirle a un idiota que es un genio. Y no es así.

En verdad, la autoestima alta de un idiota debería expresarse afirmando: "Sí, soy un idiota, ¿y qué?, ¿por qué todo el mundo tiene que ser inteligente? ¿Por qué algunos no podemos ser idiotas? Qué, ¿los idiotas no tenemos derecho a vivir, acaso?" Supongamos que yo soy un idiota, ¿y qué si lo soy? Es más, en muchos aspectos de mi vida <u>soy un idiota</u>. ¿Y cuál es el problema de que sea así? ¿Tengo que ser siempre prolijito, eficiente, eficaz? ¿Siempre tengo que tener la respuesta correcta, adecuada, y hacer lo que se debe hacer? Pues no, en algunos aspectos de mi vida soy un idiota. Y la verdad es que no me molesta serlo. Esto es tener la autoestima puesta en el lugar; saber que hay aspectos en los que tengo ciertas capacidades y otros en los que no las tengo. Y donde no tengo mis capacidades, ¿saben qué tengo? Mis incapacidades, o mejor dicho, mis discapacidades. Las mías y las de todos. Porque, nos guste o no, de alguna forma y en alguna medida todos somos discapacitados.

Señora con nene gordito: Hay que aprender...

J. B.: Y entonces -me dice la señora- hay que aprender. Puede ser, pero a veces; otras veces no. ¿Y qué pasa si no quiero aprender? ¿Por qué tendría yo que aprender? ¿Para que el resto de la gente no tenga que bancarse mis incapacidades? Yo no tengo ganas de hacer esto por los demás.

Señora con nene gordito: Pero uno tiene que aprender, porque cuando uno aprende se siente mejor.

J. B.: Muy bien, cuando uno se confronta con algunas de sus incapacidades se siente mejor aprendiendo. Es muy lindo lo que decís, ¿cómo te llamás?

Señora con nene gordito: Chavela.

J. B.: ¡Qué interesante lo que dice Chavela! Porque aquí es donde comienza el problema de la autoestima. Es decir, con la idea de que sería mejor que yo no fuera como realmente soy. En otras palabras: qué bueno sería que yo tuviera capacidades donde tengo incapacidades, que yo supiera lo que no sé. En definitiva, qué bueno sería que yo me pareciera más a lo que los demás esperan que yo sea. Empieza a dolerme el tema de la autoestima cuando lo veo desde ahí... ¡¡Qué lugar tienen los otros!!

Lo que yo digo, Chavela, es que a mí me parece bárbaro, si yo de verdad quiero rellenar este hueco de mi incapacidad capacitándome, hacerlo. Pero que esto sea porque yo lo quiero hacer, no a partir del reclamo de los demás. Por eso, cuidado con que la autoestima dependa de lo que yo sé o no sé, cuidado con hacer pasar la valoración de mí mismo por las capacidades que se supone que debo tener.

Es correcto que uno quiera seguir creciendo, tener ganas de saber más, tener el deseo de cubrir las propias incapacidades con conocimiento, crecimiento y desarrollo. Pero no hay que perder de vista la trampa sutil, no tan constructiva, que trasunta detrás de esta concepción: un circuito que empieza con nuestra idea del deber ser.

Todos tenemos un Yo ideal. Para mí, el Jorge que yo debería ser es el Jorge prolijo, ordenado, flaco, inteligente. Para vos *(señalando a Chavela)* o para vos *(señalando a la Señora con cartera en la falda)* la que tus padres o tíos o maestros te dijeron que deberías ser. Otro sentirá que debería ser el tipo que su religión le señaló que sería correcto que fuera. En fin, un <u>Yo ideal</u> *(escribe en el rotafolios),* un yo sublime. Pero sé también que hay un <u>Yo real</u> *(escribe),* un Jorge real, no el que debería ser, sino el que soy. Este concepto es generador de conflicto. Me fastidia tomar conciencia del déficit, que es el resultado de restarle al Yo ideal el Yo real. Cuanto más voluminoso es el resultado de esa comparación, más conflictiva es la conciencia del déficit. Sea como fuere, esa conciencia empuja en mí una decisión: La decisión de cambiar.

Para sostener esta decisión cuento con mi Autoexigencia, que me recordará todo el tiempo que "lo que cuesta, vale". Y entonces me esfuerzo por cambiar; por ser como se debe.

Tarde o temprano me doy cuenta de que por mucho que me esmere, no consigo ser el Jorge ideal. Tomo conciencia de que no puedo ser "como debería". Y entonces me frustro. Me siento un fracasado.

De allí en más, el resultado es previsible: La autoexigencia, sumada al esfuerzo en vano más la continua frustración del fracaso, terminan por agotar mi deseo, mi energía y mi voluntad de hacer. Esta situación en psiquiatría se conoce como <u>depresión</u>.

Y uno de los síntomas de estas depresiones es la brutal caída de la autoestima.

Como es esperable, la caída de la autoestima termina deteriorando la imagen que tengo de mí mismo, con lo cual...

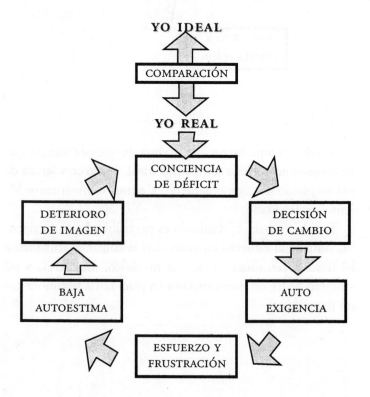

Con lo cual, decía, aumenta aún más la distancia que hay entre el Yo ideal y el Yo real. Esto produce más conciencia de déficit, mas autoexigencia, más esfuerzo, etc., etc. Esto es un círculo vicioso, un callejón sin salida, un mecanismo neurótico por excelencia.

Un humorista argentino que escribe con el seudónimo de Landrú, editaba en Buenos Aires una famosa revista, después prohibida por la dictadura, que se llamaba TÍA VICENTA. Yo recuerdo que en la tapa de la revista aparecía como epígrafe alguna frase, siempre brillante. Y me acuerdo de todo esto ahora, porque nos vamos a valer de uno de esos epígrafes para salir de esta trampa. Decía Landrú en TÍA VICENTA: "Cuando se encuentre en un callejón sin salida, no sea idiota, salga por donde entró."

Público en general: *(Risas).*

J. B.: Y dado que este es un callejón sin salida, yo les pregunto ¿Por dónde entré? ¿Qué es lo primero que anoté en el rotafolios?

Estudiante de primera fila: El Yo ideal.

J. B.: El Yo ideal. Muy bien. ¿Y qué es este Yo ideal?

Estudiante de primera fila: Mi idea de cómo debería ser yo.

Flaco alto cabezón: El resultado de mi educación.

Chica sonriente: Lo que la sociedad quiere que yo sea.

J. B.: ¡Muy bien! Todo eso. Por lo tanto, si quiero escapar de este callejón, y lo más probable es que esté apurado por salirme de este círculo, lo que debo hacer es deshacerme de la idea de un Yo Ideal *(Jorge cambia de marcador y en negro tacha con vehemencia "Yo Ideal")*. Fíjense lo que sucede. Si cancelo la idea de que debo ser de una manera determinada, el Yo ideal se desvanece. Sólo queda el Yo real, esto es: el que soy. Si no hay con qué comparar, no hay conciencia de déficit *(Jorge sigue* *tachando),* no hay necesidad de autoexigencia ni de esfuerzo. Sin estos dos mecanismos de autotortura, la autoestima florece. Esto, por supuesto, mejora la imagen que tengo de mí mismo y, en consecuencia, me pone en las mejores condiciones para que salga el más iluminado de mis Yo interiores, el que realmente me acompañará en mi camino de desarrollo personal.

Chavela: ¿Qué hacemos con la gente que nos dice todo el día cómo deberíamos ser?

J. B.: El problema no es qué hacemos con esas personas, sino con nosotros.

Chavela: *(Preocupada)* Sí, claro, pero con respecto a ellos, ¿qué hacemos?

J. B.: Dejarlos ser. Ellos tiene todo el derecho de ser como son: cargosos, autoritarios, repetitivos, perfeccionistas y hasta paranoicos. Y uno tiene, por supuesto, el derecho de escucharlos, tolerarlos, desobedecerlos, ignorarlos, echarlos o abandonarlos.

Ama de casa: ¿Qué pasa cuando ponés esos límites y no los entienden?

J. B.: Supongo que los ponés de nuevo.

Ama de casa: ¿Y si todavía no los entienden?

J. B.: Los explicás de otra manera, o pedís ayuda a alguien que pueda hacer comprender lo que vos no estás pudiendo explicar.

Ama de casa: Admití que hay veces que igual no te aceptan los límites.

J. B.: Si después de haber sido clara, de haberlo explicado, de haberte tomado tiempo, de haber agotado los recursos de ayuda externa y de haber tenido la paciencia suficiente para respetar el tiempo del otro, aquel sigue violando tus espacios, sólo te queda regalarle simbólicamente un paquete de confites M&M. Él va a entender.

Ama de casa: ¿A entender qué?

J. B.: Entender el mensaje de M&M.

Ama de casa: No entiendo. ¿Cuál es el mensaje?

J. B.: "Ma... ¡¡¡Moríte!!!"

Público en general: *(Carcajadas).*

Señora con cara de abogada: La autoestima, ¿se aprende?

J. B.: ¿Cómo te llamás?

Señora con cara de abogada: Sara.

J. B.: Sara, no te olvides de esa pregunta. Primero quiero terminar con la definición y después pasamos al tema de cómo se construye la autoestima. Por eso, por favor, hacéme acordar de volver sobre eso, es muy importante.

Veamos. La autoestima es, etimológicamente, considerarse a sí mismo alguien valioso; porque recuerden que estimar significa evaluar, más allá de lo que se supone que uno debería ser o debería no ser; esto es, reconocer el valor que uno tiene.

Voy a anotar aquí, en forma vertical, la palabra Valor.

(Va hacia el rotafolios y escribe)

```
V

A

L

O

R
```

La palabra VALOR, que vamos a usar como registro, tiene la virtud de dar una serie de pautas acerca de la autoestima. Nos dice que es importante que yo me considere valioso, más allá de las cosas que me falta aprender, más allá de mis incapacidades, independientemente de lo que mi esposa dice que quisiera de mí, de lo que mis amigos pretenden de mí, de lo que la sociedad en la que vivo necesita de mí, más allá de lo que a algún otro le gustaría que yo fuera, o de lo que le convendría que hubiera sido. *(Se adelanta hacia el público)* En fin, más allá y más acá de todo esto, que cada uno sepa que es un ser humano, un individuo y una persona valiosa, sea como sea, le falte lo que le falte, sepa lo que sepa y tenga la incapacidad o la discapacidad que tenga. Cada uno va a tener que darse cuenta, tarde o temprano, de cuánto vale.

Ahora bien. ¿Ser valioso para quién?... ¿Sólo para uno mismo? Y más allá de uno mismo, ¿qué valor podríamos tener nosotros, mediocres habitantes del planeta, perdidos entre miles de millones de seres como uno?

Quiero recordar aquello que tan espectacularmente decía la madre Teresa de Calcuta. Cada vez que alguien le decía: "Hay tanta miseria en el mundo, madre Teresa, que lo que usted hace aquí, con la cantidad de gente que viene al centro de asistencia, no soluciona nada, esta tarea no es significativa", ella respondía: "Todo lo que yo hago es una gota en el océano, así de pequeño es lo que podemos hacer, y sin embargo, si yo no lo hiciera, al océano le faltaría una gota."

Desde esta perspectiva, todo lo que nosotros somos, el valor que cada uno de nosotros tiene, en el universo en el que vivimos, es una gota en el océano. Pero si cada uno de nosotros no fuera eso que es, a este océano le faltaría una gota.

El valor que tenemos por el solo hecho de ser quienes somos

es el tipo de valor que tenemos que tener en cuenta. Es decir, lo importante es reconocer que uno es valioso por el hecho concreto de ser quien es. Sólo si me siento valioso por ser como soy, puedo aceptarme, puedo ser auténtico, puedo ser verdadero.

(Vuelve sobre sus pasos y escribe)

> **V E R D A D E R O**
>
> **A**
>
> **L**
>
> **O**
>
> **R**

La letra V de la palabra Valor servirá a partir de hoy para hacernos recordar que para ser valioso hay que empezar por ser VERDADERO. Ser auténticamente quien soy. Es la idea del concepto de autoaceptación. Aceptarse es uno de los desafíos de la salud, y significa: no pelearme conmigo mismo por ser como soy, no estar enojado por no ser como los otros quieren que yo sea, no castigarme por no ser como a los demás les gustaría. Y de paso, más de una vez, no ser como los otros esperan que uno sea es lo mejor que podría estar pasando. Porque "que al otro no le gusto así" no es una buena razón para trabajar una modificación interna.

Les sugiero que no piensen esto en relación al proceso educativo. Cuando nosotros educamos a otros, por ejemplo cuando somos padres, durante mucho tiempo y hasta que ese hijo se convierte en adulto, vamos marcándole el camino, diciéndole cómo sería bueno que él fuera, es decir, vamos haciendo un señalamiento. Pero ¿cómo vamos a educar a nuestros hijos sin metas, sin desafíos, sin enseñarles el esfuerzo? Sería muy difícil. Quizás se pueda si nos damos tiempo. Porque parte del proceso educativo transita por la decisión que uno toma por otros; muchas veces la tarea de formar consiste en sostener ciertas metas y objetivos no naturales y hasta, por qué no, enseñar a postergar el placer.

Pero cuando hemos crecido suficientemente como para considerarnos adultos, entonces tenemos que asumir la responsabilidad de aceptar que somos quienes somos, exactamente como somos. ¡Cuidado! Una cosa es pensar estos temas con relación a los niños y otra muy distinta con relación a los adultos. Cuando hablo de ser verdaderos no me refiero a los niños, no me refiero a educación; estoy hablando de los adultos. No hay nada de malo en aceptar que la educación no es democrática. Así hemos actuado con nuestros hijos y así nuestros padres actuaron con nosotros. Pero el peligro es que se nos filtre por allí el mandato de que hay que ser de una determinada manera para ser valioso. Esto es lo que hay que desterrar del pensamiento. No hay que ser de ninguna manera determinada para ser valioso. Para serlo verdaderamente, lo primero es ser exacta y exclusivamente <u>como soy</u>.

Y si vamos a cambiar, como bien decía Chavela, vamos a hacerlo a partir de nuestra <u>decisión</u>, porque nosotros decidimos que queremos mejorar, pero no creyendo que ahora no valemos nada y que después vamos a valer, que es inaceptable que seamos así o que tenemos el deber de ser de otra manera. Me patinaba en el texto de Chavela la frase "tengo que" ("tengo que capacitarme", "tengo que aprender", etc.)

Para afinar esta idea un poco más, hay algo que me gusta decir en esta ocasión, y es que no "tengo que" nada. Que en todo caso, si es mi <u>deseo</u>, entonces sí, y entonces será mi idea. ¿Por qué será mi idea? Porque cuando la autoestima está funcionando, yo me sé verdadero, me acepto a mí mismo y me sé libre.

¿Qué quiere decir libre? Uno podría hablar todo un día sobre esta significación. Pero, en este caso, referido a la autoestima, la libertad de la cual hablamos está vinculada a una palabrita muy interesante que es autonomía.

(Mientras escribe, el silencio es completo.)

```
V
A U T Ó N O M O
L
O
R
```

AUTÓNOMO evoca el concepto de libertad. En este caso no exactamente la libertad de acción. Si analizamos la etimología de la palabra, como hicimos al principio, vamos a ver que este término viene de ese mismo prefijo auto y de <u>nomo</u>, que no viene de nombre ni de nómina; significa <u>norma</u>. De esta manera, autónomo es aquel que es capaz de fijar sus propias normas, aquel que decide por sí mismo qué es bueno y qué es malo para sí.

Para ser más específico, alguien que no anda preguntándole al mundo: "Hice esto, ¿está bien? Hice aquello, ¿está mal?". Autónomo es alguien que ha renunciado a vivir su vida haciendo encuesta permanente. Veo todos los días a los que dan un paseíto por el country contándole a una lista de sus amigos sus desventuras conyugales y les preguntan después si se tienen que separar o no... Me imagino el regreso a casa: "28 que sí, 12 que no, me separo". ¡Ridículo!

Autónomo es entonces quien sea capaz de estructurar sus normas de acuerdo a sus propia moral y a sus propios criterios. Y una vez más, no olviden que estoy hablando de adultos.

Ahora bien. La letra "L" nos habla de límites.

(Anota)

```
V

A

L I M I T A N T E

O

R
```

Y elegí la palabra LIMITANTE porque esta palabra tiene, por lo menos, dos significados. El primero, vinculado a la idea de establecer claramente un territorio, un sector, una frontera que delimita una zona privada. El segundo significado, relacionado con la concepción de vecindad que hace que estos límites sean necesarios. Ser limitante es sentirse respetable.

¿Qué quiere decir esto? Darse a uno mismo un lugar y establecer desde allí el respeto de los demás.

Debo establecer los límites del espacio que ocupo. Debo defender que hay lugares reales (mi cuarto, mi placard, mi cajón del escritorio, mi correspondencia, mis bolsillos) y lugares virtuales (mi vida, mi historia, mis emociones, mi relación con mi familia, mi ideología, mis proyectos, mi fe) que me pertenecen con <u>exclusividad</u>. Son mis espacios. Y hay algunas cosas que el otro podría hacer respecto a ellos: dar su opinión, preguntar, disentir, cuestionar y hasta actuar en oposición; pero es mi responsabilidad hacerle saber que sólo podrá meterse en estos espacios, cuando yo lo <u>autorice</u>, hasta donde yo <u>quiera</u> y de la manera en que yo lo <u>permita</u>, porque por eso los llamo <u>mis</u> espacios.

Chica sexy: A mí me parece que esto es válido para las relaciones comunes, pero no para la gente que amamos.

J.B.: Sin embargo no es así. Saber poner límites es algo que adquiere importancia <u>específicamente</u> con las personas que más queremos. Sobre todo con esas personas que amamos. Porque la gente con la que no me involucro demasiado en general ni piensa en invadirme. Los que pueden llegar a invadirme son aquellos que están más cerca, los que me quieren mucho. Ellos son, sin duda, los que podrían caer en el error de invadirme, a veces sin darse cuenta de que lo están haciendo, otras creyendo que es "por mi bien".

Chica sexy: Yo no entiendo. Entonces, según vos, cuando mi novio, que está interesado en ayudarme, me da su consejo sin esperar que yo se lo pida, yo debería gritarle "¡Mirá, metéte en lo tuyo, porque nadie te pidió opinión!"...

J.B.: Estás partiendo aquí, de un ramillete de prejuicios interesante. Por un lado, no hace falta ser agresivo para poner un límite. No es necesario gritar ni ponerse mal. Es más, se puede ser muy amoroso, cortés incluso, decir por ejemplo: "Gracias, te agradezco tu intención, pero la verdad es que no quiero hablar sobre esto por ahora". Por otro lado, cuando aclarás lo de "interesado en ayudarme", parece que insinuaras que con buena intención, aquellos de nuestro corazón podrían caminar por nuestras vidas como si fuera un pasillo. Nada de eso.

Las personas que ponen límites brutales lo hacen porque no saben poner límites amorosos. Aguantan, aguantan y aguantan... hasta que un día, no aguantan más y entonces se enojan, estallan y quieren rompen con todo. Con esa actitud no se consigue establecer límites, sólo se consigue demostrar que no se sabe ponerlos, pero tampoco se está dispuesto a renunciar a ellos.

El que a la hora de poner límites lo hace gritando es porque no cree verdaderamente que tenga derecho a establecerlos. Y al creer que no tiene ese derecho, los grita, para ver si puede de alguna manera convencer al otro de lo que él mismo no está convencido.

Como ven, todo esto se relaciona con el autorespeto y recién entonces con la capacidad de imponer respeto en los vínculos con la gente, *(mirando a la Chica sexy)* especialmente con los que más nos quieren. No hay nada más cercano al amor que el respeto mutuo a los espacios privados.

La palabra siguiente empieza con la letra "O", y no precisar bien su sentido puede ser motivo de conflicto. Porque, mal interpretada, es una palabra que puede llevar una carga negativa; sin embargo, bien interpretada es una palabra fuerte y poderosa. Hablo de la palabra orgullo.

Para que mi autoestima esté preservada, hace falta que yo me sienta ORGULLOSO de ser quien soy, que me sienta verdaderamente contento y conforme conmigo *(escribe sin parar de hablar)*.

```
V
A
L
O R G U L L O S O
R
```

Dicho de otra manera, autoestima implica ser capaz de tamaña aceptación de mí mismo que no sólo acepte yo mis virtudes y mis defectos, sino que, además, pueda sentirme orgulloso de estos y de aquellos.

Repito, ser consciente de las propias incapacidades no alcanza, yo hablo de sentirse orgulloso de tenerlas, de alegrarse de ser la sumatoria y combinación de las capacidades e incapacidades de cada uno.

Apenas empiezo mi camino de crecimiento personal, de lo primero que me doy cuenta es de que todo aquello de lo que carezco, y todo eso que me sobra, todo, conforma la persona que soy; y por lo tanto, si estoy contento de ser, si estoy satisfecho conmigo, terminaré orgulloso de ser el que soy.

(Jorge se dirige al rotafolios con paso lento pero decisivo y escribe la última palabra)

V
A
L
O
RECEPTIVO

Y por último, la "R", la letra que nos conecta con el recibir. Porque parte de la autoestima significa saberse tan digno de recibir, como para permitirse aceptar de la vida lo que esta nos concede. Autoestima significa asumirse merecedor pleno de todo lo bueno que nos sucede; aceptar de buen grado los regalos, los halagos, las caricias, la presencia y sobre todo el reconocimiento de quienes nos rodean.

En mi libro CUENTOS PARA PENSAR escribo una frase -una de las "tres verdades", digo yo- que está apoyada en un viejo cuento:

Dicen que había una vez un rey que quería pasar a la historia por haber acercado a todos la posibilidad de iluminarse.

Decidió entonces invitar a su palacio a los más importantes sabios, científicos y místicos del mundo. Cuando todos estuvieron allí, les pidió que trabajaran juntos para escribir en un libro todo lo que sabían del mundo y que ellos consideraran fundamental para transmitirlo a las futuras generaciones. Les pidió especialmente que descartaran todo lo nimio y conservaran sólo lo más importante.

Durante meses, los sabios trabajaron incansablemente, hasta que, casi al año de aquella primera reunión, buscaron al rey para entregarle la obra solicitada.

Era una colección de 140 tomos de 500 páginas cada uno, donde figuraba -según los sabios- todo lo que era importante saber en el mundo.

El rey dijo:

- No, no. Esta colección es muy importante, pero no se puede trasladar. Es demasiado extensa. Nadie llegaría a leerlo todo. Necesitamos abreviar. Por favor, sigan trabajando; saquen de estos conceptos los menos importantes y dejen sólo los principales.

Un año más les llevó a los notables resumir y achicar lo escrito. Le presentaron entonces al rey un solo volumen de 2000 páginas y críptico lenguaje.

- No -dijo el rey otra vez-; la sabiduría tiene que quedar al alcance de cualquiera, no sólo de los iniciados. Por favor, trabajen todavía un poco más; saquen lo superfluo, resuman lo escrito, simplifiquen y aúnen las ideas.

Dos años tuvo aún que esperar el rey para obtener su resultado. Un día, los notables lo citaron. Estaban todos con cara de satisfechos.

- Aquí está -dijo el más anciano-; este es el resumen de todo lo que es imprescindible saber.

Y le entregaron al rey sólo una hoja de papel. En ella había una sola frase:

"No hay alimento gratis."

De este cuento extraigo yo mi idea de que nada que sea bueno es gratis, y digo más, aseguro que el pago es por adelantado. Así que deberás aprender a aceptar como alimento todo lo nutritivo que el afuera te brinde sabiendo que todo eso te pertenece, porque, aunque no sepas cómo, te lo ganaste.

En suma, tener una buena autoestima -definida en relación a la palabra valor, cuyas letras han ido sirviendo como iniciales de otros conceptos- significa ser verdaderamente quien soy, autónomo, capaz de poner límites, orgulloso de ser quien soy y, por último, absolutamente abierto a recibir del universo lo que me he ganado. *(Mientras dice esto, termina de escribir)*

V E R D A D E R O *(autoaceptado verdaderamente)*

A U T Ó N O M O *(libre de fijar sus propias normas)*

L I M I T A N T E *(capaz de poner límites)*

O R G U L L O S O *(contento de ser quien es)*

R E C E P T I V O *(aceptador del reconocimento del medio)*

J. B.: *(Mirando al público, como buscando)* Creo que Sara tiene una pregunta pendiente, ¿verdad?

Sara: Sí. La autoestima se construye desde que uno es pequeño y se convierte en adulto. Cuando uno es pequeño depende de otros y recibe mensajes.

J. B.: Está bien. ¿Entonces?

Sara: Nada más, eso.

J. B.: Ya no era una pregunta, entonces; era parte de la charla. Y está muy bien, porque es exactamente como dice Sara. Es un planteo al que adhiero totalmente. Porque lo que ella dice es: la autoestima se forma a partir de la relación con los otros. En esta zona se podría regresar al planteo original de Sara, a la inquietud, a la pregunta, y decir, por ejemplo: "Muy lindo, bárbaro, pero... ¿cómo se aprende?, ¿cómo se hace para aprender esto que usted dice que es tan importante, doctorcito?"

La mejor manera es haber tenido la suerte de ligar padres que enseñen esto. Y aquí el factor que más influye es el azar. Pese a que hay quienes dicen que uno elige ser el hijo de los padres que tiene, yo no creo que sea así; para mí es azaroso, son los viejos que nos tocaron, más iluminados, menos iluminados, peores, mejores, más tarados, menos tarados, no importa, y tenemos que aprender a vivir con ellos. Seguramente, cada uno de nosotros tiene mucho para aprender de cualquier padre que le haya tocado, aunque más no sea qué <u>no</u> hay que hacer. Como le digo siempre a mi hijo: "Vos tenés mucho para aprender de mí, si no te gusta como soy aunque sea aprendé cómo hacer para no llegar a ser como yo". Esto también es parte del aprendizaje.

Lo que dice Sara, que la autoestima se aprende de los padres, se podría parafrasear así: Si yo he recibido valoración del afuera, si mis padres me consideraban valioso, me aceptaban como era, me daban cierta autonomía, respetaban mi privacidad; si estaban orgullosos de mí y me hacían sentir reconocido, sin que me quedara endeudado o culpable cuando me daban algo (vamos recorriendo el esquema de la palabra VALOR), entonces es más fácil para mí darme cuenta de que soy valioso.

Y es cierto, el primer lugar desde donde es posible aprender autoestima es el de haber pasado por la experiencia de ser valioso, aceptado, autónomo, respetado, orgulloso y reconocido por otros. Pero esto no significa que sea el <u>único</u> lugar donde aprender.

Ama de casa: Hay una edad en la que ya no se puede cambiar...

J. B.: *(Enojado)* ¿Quién dice eso?... *(La Ama de casa guarda silencio y se hace la disimulada... Jorge la mira, sonríe, y enfatiza)* ¡Yo! Yo digo eso. No te achiques. Hay cosas que a cierta edad ya no se pueden cambiar. A mi juicio, una vez que se sale de la adolescencia y se llega a la adultez, la <u>estructura</u> de la personalidad no se cambia nunca más. Pero quedáte tranquila, la mitad de los terapeutas del mundo dicen que sí, que se cambia. Así que, para todos los que prefieren o necesitan pensar que sí se cambia: Malas Noticias, ¡están en la conferencia equivocada!

Chavela: Es que de poder cambiar depende a veces la felicidad...

J. B.: Es toda una cuestión lo que estás diciendo. Aunque cientos de miles de terapeutas opinan lo contrario, mi opinión, repito, es que una vez cristalizada la estructura de personalidad, aproximadamente entre los 22 y 25 años en nuestra cultura, ésta queda establecida. Ahora bien, ¿qué quiere decir esto? ¿que si yo soy un vago voy a seguir siéndolo por el resto de mi vida? No, porque ser vago no es parte de una estructura, es sólo una manera de actuar lo que uno es, y estas maneras sí se pueden cambiar infinitamente, <u>todas ellas</u>. Porque estas maneras de ser en el mundo son finalmente hábitos, y los hábitos son aprendidos y se pueden cambiar adquiriendo otros hábitos más sanos, más pertinentes o más adecuados a mi tipo de vida. Se pueden cambiar los hábitos, aunque sin duda es muy difícil. Para darnos cuenta de esta dificultad, acompáñenme ahora a una exploración sencilla que va a durar treinta segundos.

Por favor, junten sus dos manos entrecruzando los dedos entre sí, de forma que cada dedo de una mano quede entre los dedos de la otra *(Jorge también entrecruza sus manos en posición de rezo)*. Fíjense que hay uno de los pulgares que queda por encima del otro. Intercalando uno con uno, siempre hay uno que queda sobre el otro. Algunos de ustedes tienen por encima el pulgar derecho y otros el pulgar izquierdo. ¿Lo ven?...

(La gente murmura, se muestra las manos, se sonríe.)

Bien. Levanten ahora las manos los que tienen por encima el izquierdo. *(Entusiasmados, todos obedecen.)*

Muy bien, más o menos la mitad, como tiene que ser. Esta diferencia no significa nada; *(irónico)* los que tenemos el derecho arriba somos un poquito más inteligentes que los demás, pero muy poquito, no hay que preocuparse...

Público en general: *(Risas).*

J. B.: Manténganlos cruzados unos instantes más, por favor. Muy bien. Ahora descrúcenlos y, cuando diga "tres", vuelvan rápidamente a cruzarlos pero al revés; es decir, intercalen los dedos uno y uno intentando que sea el otro pulgar el que quede arriba. Atención. Uno, dos, tres... *(Jorge también lo hace y al intentarlo sus dedos se traban entre sí.)*

Público en general: *(Carcajadas).*

J. B.: ¿Se dan cuenta de lo que pasa? Es casi imposible, ¡un laburo bárbaro! ¿Por qué? Porque el modo en que cada uno cruza los dedos es un hábito. No hay ninguna razón que explique por qué unos cruzan de una manera y otros de otra; no es anatómico, no es sintomático, es solamente un hábito.

Vamos a hacer un ejercicio más todavía. Crúcense de brazos, por favor. *(Muchos lo hacen inmediatamente. Otros, que se han quedado conversando sobre la experiencia anterior, miran a los primeros y terminan de copiarlos. Jorge los espera. Cuando todos están de brazos cruzados, lo miran expectantes...)*

Fíjense que hay un brazo que queda por encima del otro, en algunos casos el derecho y en otros el izquierdo. *(La gente se mira los brazos y se compara con el de al lado.)*

Muy bien. Crúcenlos ahora al revés.

Público en general: *(Carcajadas).*

J. B.: Y para colmo, cuando uno consigue cruzarse al revés, dice: ¡qué incómodo! Y entonces mira al vecino y se pregunta: ¿cómo puede ser que este se sienta cómodo cruzándose así? Hábito, puro hábito. Y pucha que es difícil cambiar los hábitos.

Porque si es difícil cambiar el hábito de cómo cruzar los brazos, imagínense lo difícil que puede llegar a ser cambiar costumbres como la hora en que me baño, qué tipo de comida me gusta, la vestimenta, la manera de hablar, la manera de caminar, las cosas que digo, las que quiero, las que pretendo...

Sin embargo, <u>difícil</u> no es <u>imposible</u>. Estos hábitos -que son maneras de comportarse en la vida- afortunadamente se pueden cambiar siempre, por lo menos hasta un minuto antes de morirse. Lo cual no implica que lo que se pueda cambiar sea la estructura de personalidad, como bien decía Chavela.

Pero ¿es esto importante? No, porque después de todo, la estructura de personalidad es un diagnóstico, un nombre difícil escrito en un papel. Lo que a mí debería importarme no es saber si voy a conseguir dejar de ser un melancólico con defensas histéricas, sino saber si voy a poder modificar -por supuesto, si está en mi <u>deseo</u> hacerlo- mi conducta o mi actuación con los otros, o mi manera de ser en el mundo.

Y este es el cambio significativo. Porque cuando dos personas se encuentran, la influencia mutua sucede desde sus maneras de ser, no desde su estructura.

Señor con cara de psicoanalista: *(Descalificador)* A mí me parece que es un juego de palabras.

J. B.: *(Repitiendo)* A vos te parece que es un juego de palabras... Y sí... *(irónico)* a mí también.

Público en general: *(Risas).*

J. B.: Sin embargo, prefiero este juego de palabras al otro juego, al juego de confundirlo todo y creer que soy el resultado de algo que me pasó en mi infancia y que no puedo modificar. *(Vehemente ahora)* Prefiero mi juego al juego de pensarme dominado por la estructura inconsciente que controla mis acciones sin mi participación, y que me deja en manos de quienes dicen saber más de mí que yo.

Público en general: *(Expresiones de asombro).*

J. B.: Entonces, cuidado con estos juegos. Pensar que esta inalterabilidad de la estructura de personalidad me impide cambiar es, en muchos casos, sólo una excusa. Me refiero a aquellos que dicen: "y bueno, yo nací así..."; me refiero a los otros, que esgrimen sus infancias lúgubres de padres siniestros; hablo de todos los que encuentran en esa confusión un argumento más para justificar sus conductas miserables con el afuera.

Es probable que muchos de nosotros no hayamos recibido de nuestros padres suficiente valoración, aceptación, autonomía, respeto, orgullo o reconocimiento. Hay que considerar que, muchas veces, los padres están ocupados en cosas importantes. Esto no es una ironía, están ocupados, por ejemplo, en buscar dinero para darnos de comer, y por este motivo descuidan algunos de aquellos aspectos. Esto es entendible, aunque muchas veces no nos alcance con la comprensión. Pero entonces, si no nos dieron ese reconocimiento, ¿estamos perdidos? Si la autoestima depende, en principio, del cuidado y de la valoración de nuestros padres, parecería que, si ellos nos descuidaron en ese sentido, realmente estamos perdidos. Pero no, no lo estamos -y ahora contesto la pregunta original de Chavela-, porque si uno no ha recibido ese mensaje, puede aprenderlo más adelante.

De manera que aquel aprendizaje que no se hizo en la infancia, puede y debe realizarse después. Es más, no hay ningún problema en que así sea. Eso sí, voy a tener que ser yo el que busque los lugares donde encontrarme valioso, aceptado, autónomo, respetado, orgulloso y reconocido, para poder adquirir, a partir de allí, la conciencia de mi propio valor.

Señora que cuchichea: Si uno ha vivido en un entorno familiar en el cual no recibe nada de esto, y sigue luego viviendo en ese ambiente, es muy duro.

J. B.: Sí, claro que es muy duro. Ojalá podamos darle a la gente cada vez más espacios donde pueda encontrar compensación de estas cosas que no encuentra en su entorno habitual. Los grupos de autogestión o de autoayuda sirven mucho en este sentido; son una manera de realimentar estos sentimientos, de recibir del grupo lo que puede no estarse recibiendo o no haberse recibido nunca desde el entorno familiar.

Un grupo de reflexión, un grupo de autoayuda, un grupo de lectores de libros, de observadores de pájaros o de alpinistas, en fin, cualquier grupo de pertenencia, si <u>es</u> un grupo, funciona como un gran aportador de valoración, de aceptación, de autonomía, de respeto, de límites en el mejor sentido: el de aquello que nos une y nos diferencia del resto del mundo. Un grupo nos nutre de sensación de orgullo compartido, de respeto y reconocimiento mutuo. Por esta razón la familia es tan importante, porque la familia funciona como un grupo de pertenencia. Porque la familia <u>es</u> un grupo.

Hombre de aspecto pensativo: Pero eso era antes, ahora la familia como grupo se ha perdido.

J. B.: Nosotros pertenecemos a esa generación donde los padres nos decían "callate mocoso". Claro, esto ha cambiado. Le digo a mi hijo "callate mocoso" y probablemente me responda "callate vos, viejo". Los que pertenecemos a la generación que hoy tiene entre treinta y cinco y sesenta años, hemos funcionado como una bisagra interesante en este sentido. Les hemos enseñado a nuestros hijos algo que nuestros padres no nos enseñaron, que es la capacidad de rebeldía. Nosotros se la enseñamos, ¿qué nos sorprende hoy que no nos den bolilla? <u>Nosotros</u> les enseñamos que en verdad tenían que rebelarse. Por supuesto, no nos dimos cuenta de que se iban a rebelar también contra nosotros. Pero es una suerte: Eso es lo que los va a salvar. Aunque también termine salvándolos de nosotros.

En todas las cosas que no pudimos evitar de nuestros padres -porque nos costaba más rebelarnos- nuestros hijos se van a rebelar. Nuestras miserias no van a pasar tanto a nuestros hijos como pasaron en la generación anterior o en dos generaciones atrás. Es decir, mi padre padeció siniestramente las cosas que mi abuelo le hacía, porque no tenía ninguna posibilidad de rebelarse. Mi padre empezó a enseñarme a mí esta posibilidad. Y hoy yo se la enseño a mis hijos. Es así como esto se transmite. Y es lo que va a salvar a mis hijos de mí, afortunadamente.

Es obvio que cuando uno viene de un entorno familiar no valorativo, le es más difícil. Porque la familia es como un trampolín que se prepara para que cuando el chico llegue a la adultez, salte y caiga bien, en una buena zambullida -maravillosa, estética, espectacular, exitosa y segura- en la pileta de su vida, que es en la que va a vivir. Esto es la familia. Si los soportes de este trampolín están flojos, el salto es siniestro. Y si el trampolín se rompe o está deteriorado, el chico se puede romper la cabeza. Esta es la importancia determinante de la estructura familiar.

No obstante, hay dos mecanismos por los cuales se enseña la autoestima a los hijos. Uno, el clásico, que nuestros padres nos hayan sabido y podido aportar aquella atención y cuidados que enumeramos a partir de la palabra VALOR. Y el otro, más sutil pero tan determinante como el primero, el modelo a imitar que los padres muestran a sus hijos.

La autoestima por imitación se aprende viendo la autoestima que mis padres tienen por sí mismos (y con esto, Sara, le agrego lo que le faltaba a tu razonamiento o, mejor dicho, lo que no dijiste, porque seguro que lo sabés). Es decir, mis padres pueden darme todo lo que enumeramos hasta ahora, pero si ellos no se sienten valiosos, si no se aceptan verdaderamente, si no se sienten libres, si no son capaces de ponernos límites, si no están orgullosos de ser quienes son, ni son capaces de recibir lo bueno de la vida, si ellos, en fin, no tienen un buen caudal de autoestima, entonces yo no aprendo nada.

Yo aprendo la autoestima no sólo por ser estimado, sino porque quien me estima se estima, se sabe valioso. Es decir, para que alguien pueda valorarse, es necesario que sienta no sólo que el otro lo valora sino, además, que ese otro se valora a sí mismo. ¿De qué me sirve ser valioso para alguien que no se siente valioso?

Por eso, lo mejor que yo puedo hacer para enseñarle a mi hijo la autoestima es estimarme. Como el 75 % de nuestra comunicación es no verbal, nuestros hijos aprenden más de lo que nos ven hacer que de lo que nos escuchan decir.

En ocasiones, cuando me refiero a este tema, suelo contar un cuento que, si bien es muy duro -motivo por el cual a veces lo omito-, ilustra de modo elocuente la idea de lo influyente que es en nuestra vida la relación con los padres.

Hace mucho tiempo, en un pequeño pueblo de algún lugar de Oriente, vivía un señor con cuatro hijos, el menor de los cuales tenía, en el momento de esta historia, alrededor de treinta años. Para ese entonces, sus hermanos contaban con treinta y cinco, treinta y siete y cuarenta años. El padre tenía algo más de sesenta, pero como en esa época el promedio de vida rondaba los cuarenta años, era prácticamente un anciano y, por lo tanto, tenía todos los problemas propios de la senectud. Su cabeza, su cuerpo, sus esfínteres, su capacidad para valerse por sí mismo, nada de esto funcionaba bien en el viejo.

Un día, el hijo más joven se casó y se fue de la casa. Se generó entonces un gran problema: el padre se quedaría solo. La madre había muerto a raíz del último parto y los otros hermanos ya estaban casados. En consecuencia, no había nadie que pudiera hacerse cargo de este viejo, con el agravante de que no eran épocas en las que hubiera geriátricos ni dinero para pagarle a alguien que se ocupara de cuidarlo.

Los hijos empezaron a sentir que, pese al amor que le tenían, el padre era una complicación. No era posible que ninguno de ellos se llevara al padre a vivir a su casa para hacerse cargo de él. Así es que los hijos tenían verdaderamente un serio problema.

El cuento comienza con los hijos reunidos conversando acerca de cuál será el futuro del padre. En un momento dado, se les ocurre que se podrían turnar. Pero pronto advierten que esa solución no va a ser suficiente y, además, que significa un gran costo para sus vidas. Y entonces, casi sin darse cuenta, empiezan a pensar que lo mejor que les puede pasar es que el padre se muera.

Pese al dolor que implicaba para ellos ese reconocimiento, pronto advirtieron que no podían sólo esperar que esto sucediera, porque el padre podía llegar a vivir muchos años más en aquella situación. Pensaron, también, que ninguno de ellos podría soportar esa demora. Y entonces, misteriosamente, a uno de ellos se le ocurrió que, quizás, lo único que habría que hacer era esperar que llegara el invierno. Quizás el invierno terminara con él. Y fue así como imaginaron que si entraban en el bosque con su padre, y el padre se perdía, el frío y los lobos harían el resto...

Lloraron por esto, pero asumieron que tenían que hacer algo por el resto de sus vidas. Y decidieron turnarse para cuidar al padre, pero sólo hasta la llegada del invierno.

Después de la primera nevada, que fue especialmente intensa, los cuatro hermanos se reunieron en la casa. Le dijeron al padre:

- Vení papá, vestite que vamos a salir.

- ¿Salir? ¿Con la nieve? -preguntó el padre sin comprender.
Pero los hijos respondieron:

- Sí, sí, sí, vamos.

El padre sabía que su cabeza no estaba funcionando bien últimamente, así que decidió acatar con sumisión lo que sus hijos le decían.

Lo vistieron, casi irónicamente lo abrigaron mucho, y se fueron los cinco rumbo al bosque.

Una vez allí, comenzaron a buscar un lugar para abandonarlo y desaparecer rápidamente. Se introdujeron en el bosque, cada vez más profundo, hasta que en un momento dado llegaron a un claro. De pronto, el padre dijo:

- Es acá.

- ¿Qué? -preguntaron asombrados los hijos.

- Es acá -repitió el anciano.

Supuestamente, el padre no tenía la lucidez suficiente para darse cuenta de lo que estaba ocurriendo. Por otro lado, ellos se habían cuidado muy bien de no decirlo. ¿A qué se referiría el padre?

- Acá, acá, este es el lugar -insistió.

Entonces, los hijos le preguntaron:

- ¿Qué lugar? Papá... ¿Qué lugar?

Y el padre respondió:

- Este es el lugar donde, hace veinticinco años, abandoné a mi papá.

Esta es la historia de la educación, para bien y para mal. Porque vamos a hacer con nuestros padres lo que ellos nos enseñaron que se hace con los padres. Del mismo modo, nuestros hijos van a hacer con nosotros lo que nosotros hicimos con nuestros padres.

Si hemos trasladado la capacidad amorosa de amar a nuestros padres, cuidarlos y sostenerlos, hemos estado enseñando a nuestros hijos esa capacidad, hemos trasladado ese aprendizaje. Si cada vez que llego a mi casa digo: "Cuándo será la hora de que mi viejo se muera" y vivo abandonándolo en el bosque, algún día mi hijo va a pensar lo mismo. En consecuencia, si vivo diciendo de mí: que trabajo en lo que no me gusta, que la vida es desastrosa, que no valgo nada, que estoy enojado; si vivo faltándome el respeto a mí mismo, no sintiéndome orgulloso, sintiéndome esclavo de la vida que llevo y tengo una autoestima muy baja, ¿cómo puedo pretender que mi hijo se sienta valioso, si es el hijo de uno que no vale?

En suma, la mejor manera de ayudar a mi hijo a que tenga su autoestima preservada es, primero, dándole ese valor, ofreciéndole la posibilidad de adquirir aquellas capacidades que enumeramos; y segundo, pero no menos importante, sintiéndome valioso yo. Sólo si uno se siente valioso puede transmitirle a un hijo lo que significa sentirse valioso.

Pero si esto no ha sucedido, si yo no he tenido la suerte de nacer en un espacio donde mi madre y mi padre pudieran sentirse valiosos y valorarme, ¿qué hago? En ese caso, habrá que buscar en el afuera personas y grupos que sean capaces de cubrir esas carencias. Pero atención, van a tener que ser personas y grupos capaces de dar y recibir amor, que estén orgullosos de ser quienes son y que se animen a ser protagonistas cada uno de su propia vida.

Esto es, para mí, la autoestima. Y como comprenderán, esta idea de lo que significa la autoestima es fuerte, trascendente, y está íntimamente relacionada con el concepto de salud mental. Pero fíjense, también, que en la lista que fuimos haciendo a partir de la palabra VALOR, en ningún lado está la palabra quererse. Y ahora vamos a ver por qué.

La idea de crecimiento y superación, que ustedes bien expresaron, tiene que ver con la consecuencia de todos estas nociones que hemos señalado. Pues si yo realmente me valoro, me acepto, me respeto, me siento orgulloso de mí mismo y reconocido, inevitablemente las cosas que haga van a redundar en crecimiento personal y, sin duda, voy a querer superarme; pero no a causa de sentirme inservible, sino como resultado de sentirme bien; sentirme bien sin descartar la idea de que puedo ser mejor. Porque superarse quiere decir: hoy estoy bien y mañana voy a estar mejor, y no: hoy estoy mal y mañana voy a estar bien. Esto es muy importante; superarse no debería implicar nunca desaprobación hacia uno en el presente.

¿Hay alguna pregunta sobre autoestima?

Señora de voz monótona: La palabra "orgulloso", ¿no es entrar en un defecto?

J. B.: Depende de cómo lo mires. Por eso yo decía que era un concepto complicado. Pero te cuento: la verdad es que yo me siento bastante orgulloso de ser como soy.

Señora de voz monótona: ¿Eso no es soberbia?

J. B.: ¿Soberbia? ¿Sabés qué sería soberbia? Creerme que por ser como soy, por sentirme orgulloso de mí, soy más que vos.

Señora de voz monótona: Pero el orgullo es lo contrario a la humildad.

J. B.: No. Ahora vas a ver que no es así. Dame un minuto.

Flaco alto cabezón: El tema es el límite a la sobreestimación. Porque la autoestima puede tener un escalón superior, que es la sobreestimación, la cual puede transformarse en fanfarronería. Por ejemplo, aquella persona que se muestra autosuficiente.

J. B.: Muy bien; la sobreestimación. En España nos cargan mucho por este tema de la cosa fanfarrona y socarrona, sobre todo a los porteños. Dicen que los porteños llegan a Madrid y, después de un mes, alquilan un avión para sobrevolar la ciudad, miran por la ventanilla y exclaman: "¡España, qué triste estás sin mí!" También cuentan que el gran negocio de los españoles sería comprar a un argentino por lo que vale y venderlo por lo que él cree que vale.

Público en general: *(Risas).*

J. B.: La sobreestimación, como vos bien decís, es una estimación exagerada o, mejor dicho, distorsionada. Es aparentemente creer que uno vale más de lo que realmente vale. Pero ¿sabés cuándo se da la sobreestimación?

Flaco alto cabezón: *(Se encoge de hombros).*

J. B.: Se da cuando creo que mi propio valor depende de lo que valgo para otro. El orgullo que yo propongo no es para decirle al otro qué grande soy, sino, en todo caso, para decírmelo a mí mismo, en voz baja. De esta clase de orgullo y estimación hablo.

La diferencia entre la estimación y la sobreestimación se va a apreciar más claramente cuando entremos en el tema del egoísmo.

Señora de voz monótona: *(Con voz débil)* Yo siempre pensé que mejor que el orgullo era todo lo contrario, la humildad.

J. B.: Humildad es todo lo opuesto de soberbia, no lo opuesto de orgullo. Y orgullo no significa necesariamente soberbia. Por ejemplo, el placer que siente un padre cuando el hijo recibe una medalla por ser el mejor promedio de la escuela, es orgullo.

Señora de voz monótona: *(Insistente)* A mí me molesta la palabra.

J. B.: *(Vivamente)* Entonces llamá a ese sentimiento como quieras. Mirá, para mí, hacerse pis encima es hacerse pis encima. Si alguien lo quiere llamar "enuresis" porque queda mejor, pues bien, allá a él. Si a vos te molesta decir orgullo y querés usar otra palabra, ¡está bien! ¿Cómo lo habrías llamado en mi lugar?

Señora de voz monótona: *(Con timidez)* Satisfacción. Satisfacción de ser como uno es.

J. B.: Está muy bien. Pero ¿sabés por qué no escribí satisfacción? Me parece muy importante que lo sepas, porque hay una razón. Si yo en vez de hablar de orgullo, sacara de allí esa palabra y en su lugar colocara "satisfacción de ser como uno es" *(lo hace en el rotafolios)*, entonces me quedaría formada la palabra VALSR en vez de VALOR.

Público en general: *(Risas).*

J. B.: ¿Y a quién le puede interesar descubrir su propio VALSR?

Público en general: *(Más risas).*

J. B.: ...Y entonces ustedes no se iban a acordar, y a mí me encantaría que la palabra valor sirviera de aquí en adelante como una regla nemotécnica. *(A la Señora de voz monótona)* Sin duda, la idea de valor y de orgullo personal tiene que ver con la satisfacción de ser como uno es, con el propio amor, no con el amor propio.

Flaco alto cabezón: *(Con voz gruesa)* Uno puede sentirse orgulloso y no por eso deja de tener la capacidad de admirar a otro.

J. B.: Es correcto. Porque tampoco hay que confundir orgullo con vanidad.

Señora con cartera en la falda: Entiendo que la autoestima se va construyendo.

J. B.: Así es.

Señora con cartera en la falda: En general, en el proceso de la infancia, empiezan los primeros mecanismos. Hay que sentirse valioso, hay que aceptarse. Son cosas, a veces, difíciles de aprender. Pero yo creo que hay mecanismos. Cuando uno viene de una familia donde se siente amado, se siente contenido, la autoestima...

J. B.: *(Interrumpiéndola)* Claro. Es lo mismo que decía Sara, qué pasa cuando uno recibe estas cosas de la familia. Porque la contención de la familia de la que vos hablás es, ni más ni menos, recibir valoración, aceptación, autonomía, orgullo y respeto desde el contexto familiar, entonces uno puede tener autoestima naturalmente. Pero hace falta también que en el núcleo de la familia haya un buen caudal de autoestima, que los integrantes no vivan enojados con la vida que llevan o con la pareja que construyeron, o diciendo que la familia los oprime. Es necesario que uno, ya sea padre o madre, responsable de ese grupo familiar, pueda sentirse orgulloso de ese grupo que armó, pueda sentir que esa familia fija sus propias normas, que pueda sentirla valiosa.

Esto me recuerda la sensación que se tiene cuando los amiguitos de tus hijos llegan a tu casa y dicen: "¡Uy! ¡Qué linda esta casa! ¡Qué bien, qué linda tu familia!" Y vos escuchás y te sentís bien porque es lo que has querido construir, algo que valga la pena.

Sara: Eso tiene mucho que ver con los logros personales y el orgullo.

J. B.: En parte, sí. Pero la autoestima no debe depender sólo de los logros personales.

Sara: Hmmm...

J.B.: Es mi opinión, vos podés no estar de acuerdo. Voy a salirme un poco de la charla para hacer una aclaración:

Las cosas que yo digo se basan siempre en lo que yo creo. Es verdad que digo las cosas de un modo convincente, como si verdaderamente fueran así y no pudieran ser de otra manera. Pero no se dejen engañar. Se trata de un recurso, una modalidad, una cuestión didáctica. A lo largo de la vida, quien trabaja de orador aprende a hablar con convicción de verdad. Y sin embargo, las cosas bien pueden ser de otra manera. Siempre puede haber otras versiones.

Atención, las cosas que yo digo son las que a mí me sirven y son referenciales en principio sólo para mí. Hay un cuento de Luis Landrisina que ilustra muy bien esta idea:

En la pampa, sobre un camino de tierra, un paisano estaba tomando mate en la puerta del rancho. En eso estaciona un auto importado, muy grande, muy caro. Se baja un señor bien vestido y le dice al paisano:

- Dígame, buen hombre, ¿me puede indicar dónde está la estancia El Gallo?

El paisano chupa del mate y le contesta:

- ¿El Gallo? El Gallo... El Gallo... El Gallo... Mire, yo salgo tan poco que, El gallo, por acá... No sabría decirle.

- Es que tiene que ser por acá, porque me dijeron que saliera del kilómetro doscientos quince a la derecha y que después manejara veinte minutos por camino de tierra y que me la iba a encontrar enseguida, y ya hice quince minutos, así que...

- ¿El Gallo? Nooo, El Gallo por acá no... Yo salgo tan poco que... No le sabría decir...

- Mire, la tiene que conocer. Es la estancia de los Rodríguez Álzaga, que el viejo Rodríguez fue diputado.

- ¿Rodríguez Álzaga? ¿El Gallo? Nooo, por acá no... ¿Diputado? No, que yo sepa, no.

- ¿Y algún vecino, por acá, para preguntarle?

- No, por acá no, esto es un descampado... ¿Por acá, vecino? No tengo visto. Yo salgo tan poco... que la verdad que vecino-vecino, lo que se dice un vecino, por acá, no. ¿El Gallo me dijo?

- Sí, Rodríguez Álzaga, diputado.

- No, por acá... No le sabría decir.

- Está bien, no se preocupe. ¿No sabe dónde puedo encontrar una estación de servicio?

- ¿Estación de servicio? Usted dice... ¿donde se le pone gasoil a los tractores?

- Sí, una estación de servicio.

- Y, no sé... Por acá, estación de servicio... Como yo no tengo tractor ¿vio? Estación de servicio, por acá, no... ¿Un vecino me dijo que buscaba? No, por acá, no... ¿Rodríguez Álzaga? ¿El Gallo? No le sabría decir, mire. Porque yo siempre estoy por acá, no salgo.

- Bueno, está bien, no se preocupe. Dígame cómo llego al pueblo y yo ahí pregunto.

- ¿Pueblo?

Público en general: *(Risas).*

- Sí, un pueblo.

- Usted dice... con casas...

- ¡Un pueblo!

- Mm... No le podría indicar, mire, porque yo salgo tan poco... Una vez fui a un pueblo, cuando era muy chiquito, con mi tata; yo tenía cinco o seis años y me llevó a un lugar con casas y una plaza y... Pero no sabría decirle por dónde es, porque yo no salgo casi ¿vio? ¿El Gallo me dijo? ¿Rodríguez Álzaga? ¿Estación de servicio? ¿Vecino? La verdad que, por acá, no...

- Bueno, está bien, veo que no me puede ayudar. Dígame cómo vuelvo a la ruta y yo de ahí me arreglo.

- ¿Ruta?

Público en general: *(Carcajadas).*

- ¡No, viejo! -le dice el tipo-. ¡Pero usted... No puede ser! Le digo de los Rodríguez Álzaga, ¡no los conoce!; El Gallo, ¡no lo conoce! ¡No sabe dónde hay un vecino! ¡No sabe dónde hay una estación de servicio! ¡No sabe llegar al pueblo! Y ahora le pregunto por la ruta, ¡y no sabe llegar a la ruta! ¡¡Pero usted es un ignorante, un tarado, usted no sabe nada, usted es un idiota!!

Y el paisano le contesta:

- Mire, puede ser que yo sea un idiota, pero acá, el que está perdido es usted...

Público en general: *(Risas y aplausos).*

J. B.: Este cuento sirve para mostrar que los puntos de referencia que lo ubican a uno para no saberse perdido, son útiles para uno mismo, no necesariamente para el resto. Y entonces, antes de terminar de contestarte la pregunta, Sara, quiero aclararte que las cosas que yo creo me sirven a mí, y no necesariamente son las mismas que te pueden servir a vos.

Ser capaz de sentirse orgulloso exclusivamente a partir de lo que uno consigue me parece -a mí, en mi rancho- una idea nefasta. Porque se trata de una idea exitista, que genera el preconcepto de que sólo podría tener la autoestima alta aquel que ha ganado más de un millón de dólares, que ha sido elegido para un puesto o función prestigiosa, que recibe el aplauso de personas destacadas o que participa de esta clase de situaciones. Y no es así.

No hay que olvidar que, como su nombre lo indica, éxito viene de <u>ex-itere</u> y significa <u>a la salida</u>. Es decir, el éxito se evalúa al final, no en el tránsito. En el tránsito todo es potencialidad. No se puede evaluar con propiedad el éxito de alguien que todavía está vivo, ni tampoco con este preconcepto de lo que es ser exitoso.

El éxito -creo yo- es morirse en el lugar del mundo que uno elija, rodeado por la gente que uno quisiera que esté en ese momento. No más que eso. Por lo tanto, pensar que para poder ser valioso se necesita llegar a determinado lugar, juntar tanta cantidad de dinero, levantarse a tal mina, tener tantos hijos y vivir en tal espacio, es una idea equivocada.

En verdad, si la posibilidad de sentirse orgulloso de sí mismo dependiera del éxito, entonces la autoestima sería una ficción, sería sólo vanidad. Los logros sólo sirven para satisfacer la vanidad. Porque lo cierto es que todo lo que uno puede <u>tener</u> es vanidad. Y aquí hay dos imágenes que me interesa rescatar. La primera, algo que dicen los sufís: "Lo único que verdaderamente tienes es aquello que no podrías perder en un naufragio". Y la segunda, un cuento que proviene de la cultura judía, en la cual también hay relatos -los cuentos jasídicos- que se transmiten de generación en generación.

Un señor viaja desde un pueblo muy lejano para consultar a un rabino muy famoso. Llega a la casa y advierte, sorprendido, que los únicos muebles de que dispone el rabino consisten en un colchón tirado en el piso, dos banquetas, una silla miserable y una vela, y que el resto de la habitación está absolutamente vacía.

La consulta se produce. El rabino le contesta con verdadera sabiduría. Antes de irse, intrigado por la escasez del mobiliario, el hombre le pregunta:

- ¿Le puedo hacer una consulta más?

- Sí, por supuesto.

- ¿Dónde están sus muebles?

- Dónde están los suyos... -es la respuesta.

- ¿Cómo dónde están los míos? Yo estoy de paso -dice el hombre sin terminar de comprender.

Y el rabino le contesta:

- Yo también.

J. B.: *(Sin dar tiempo a nada, acelerado)* Hay que entender que uno está de paso. Suponer que sólo puedo evaluarme en base a lo que consigo es una postura de la cultura del consumo y, lamentablemente, conduce a forzar la falsa creencia de que sólo puedo sentirme valioso si he demostrado que valgo en relación a ciertas pautas sociales. Eso no es libertad, es justamente lo contrario. No hace falta, pues, ser de ninguna manera determinada, y menos aún determinada por el afuera. Lo único que hace falta es ser, que es muy distinto.

Joven embarazada: También están los momentos, detalles de cada día, que son como pequeños logros.

J. B.: ¿Cómo te llamás?

Joven embarazada: Sandra.

J. B.: ¿Y el bebé? ¿Cómo se llama?

Joven embarazada: Es nena, Aldana.

J. B.: De acuerdo. Sandra. Voy a llamar a esto que decís la valoración de las pequeñas cosas que uno tiene a su alrededor. En otras palabras, la valoración de las cosas de las cuales uno vive, uno disfruta, que están alrededor de uno aunque sea transitoriamente.

Ama de casa: .Hay que ser capaz...

J. B.: Absolutamente. Es muy bueno que seas capaz de valorar lo que tenés, lo que hacés, lo que sos, que seas capaz de valorar absolutamente todo lo que tenés a tu alrededor. Esta era la idea. En ocasiones, cuando digo esto, suelo escuchar que la sobreestimación -a la que te referías vos *(Flaco alto cabezón)*- puede llevarnos a lugares peligrosos. Este concepto, el de los lugares peligrosos, nos lleva a la segunda parte del título de este encuentro: el peligroso lugar del egoísmo.

El egoísmo puede hacer pensar en muchas cosas. Por lo general, cuando uno dice que otro es egoísta, ¿qué piensa?

Chica sexy: Que sólo se quiere a sí mismo.

Ama de casa: *(Como deduciendo)* Que sólo piensa en sí mismo, que no quiere a nadie.

Caballero con pipa: *(Certero)* Que no comparte.

J. B.: ¿Qué más?

Señor con aire de indiferente: *(Levantando un dedo)* Que es indiferente a los demás.

Chavela: *(Gesticulando, moviendo las manos)* Que todo gira alrededor de él.

Sara: *(Terminante)* Que es incapaz de ponerse en el lugar del otro.

J. B.: ¿Algo más?

Señor con aire de indiferente: *(Alzando nuevamente el dedo índice)* Lo contrario de altruismo.

Señor de bigotitos: *(Dulcemente)* Que es insensible.

Calvo del fondo: *(Gritando, aunque apenas se escucha)* ¡Que le falta humildad!

J. B.: Muy bien. Cuando alguien es egoísta pensamos todo esto.

Cuando uno intenta definir un concepto, lo primero que debe hacer es tratar de ver qué es todo lo que entra dentro de ese concepto y sacar todo lo que está afuera. Porque si no, uno no define. Definir, como su nombre lo indica, significa poner fin; saber desde dónde hasta dónde va ese concepto y cuáles otros aspectos no le pertenecen.

Si yo tengo una mesa, que tiene respaldo y que es un poco bajita y que está a la altura de mi traste y que está al lado de otra mesa, yo puedo llamar a eso mesa, pero en realidad es una silla. ¿Está bien? Una mesa que tiene forma de silla, es una silla, no una mesa.

Entonces, otras palabras que sirven por extrapolación para acercarme a lo que quiero decir, conforman un concepto estirado. Por eso, vamos a intentar poner las cosas en claro.

Me parece importante decir que aquel que en realidad es insensible, no es necesariamente egoísta, es insensible. Un egoísta puede ser insensible, pero no es esta una condición del egoísta. ¿Por qué llamar al egoísta insensible, si hay una palabra para llamar al insensible, que es <u>insensible</u>?

Estudiante de primera fila: Bueno, pero los egoístas también a veces son insensibles.

J. B.: Sí, claro, y a veces tienen pie plano.

Público en general: *(Risas).*

J. B.: *(Al estudiante de primera fila)* ¿Cómo te llamás?

Estudiante de primera fila: Carlos.

J. B.: Lo que quiero decir, Carlos, es que no son sinónimos, que la idea de insensibilidad no alcanza a definir la de egoísmo.

¿Qué es un egoísta? Uno de ustedes dijo recién que un egoísta es alguien que cree que todo gira alrededor de él. Eso es un egocéntrico. ¿Un egoísta es un <u>egocéntrico</u>, un egocéntrico es un egoísta? No sé.

Más adelante vamos a ver si esto es así. Y alguien que sólo puede pensar el universo en función de sí mismo, por lo menos desde el punto de vista formal, no es un <u>egoísta</u>, sino un <u>solipsista</u>. ¿Y alguien que no puede compartir? Ese es un mezquino. No estoy muy seguro de que sea un egoísta.

Todas las ideas que ustedes acaban de decir definen a los mezquinos, los avaros, los insensibles, los antisociales, los psicópatas y, posiblemente, como veremos más adelante, a losególatras... *(Hace una pausa, recorre la sala con la mirada)* Respecto de esta frase: "Lo contrario de altruismo", ¿quién la dijo?

Señor con aire de indiferente: *(Incómodo)* Yo.

J. B.: ¿Cómo te llamás?

Señor con aire de indiferente: José.

J. B.: Bien José. Voy a dejar el tema del altruismo más hacia el final. No dejes que me olvide de volver sobre ello.

Retomando, si uno habla de <u>egoísmo</u>, de lo que esta palabra quiere decir, tiene que pensar en su significado, del mismo modo que hicimos con <u>autoestima</u>.

Veamos... egoísmo viene de <u>ego</u> y de <u>-ismo</u>. ¿Qué es ego?

Sara: Yo.

J. B.: Claro, ego quiere decir yo. ¿Y qué es -ismo?

Hombre de aspecto pensativo: Doctrina.

J. B.: Podría ser "doctrina", pero implica algo más. ¿Qué se les ocurre?

Señora que tose: Un aumentativo.

J. B.: Claro, sería como un aumentativo, pero ¿un aumentativo de qué?

Sandra: Del valor.

J. B.: Bien. De la valoración. Y de cuánto yo aprecio aquello que estoy definiendo. En realidad, este sufijo -ismo significa una <u>fuerte inclinación o preferencia.</u>

Ama de casa: *(En tono de aclaración)* ...Negativa.

J. B.: ¿Negativa? ¿Es negativo el cristianismo para vos?

Ama de casa: *(Vacilante)* No sé.

J. B.: ¿Todos los -ismos serán negativos?

Caballero con pipa: *(Mirando con superioridad a la Ama de casa)* No.

J. B.: No todos, no deberíamos generalizar. ¿Por qué? Porque lo negativo puede estar en la valoración que uno haga de ese concepto, pero no en la palabra en sí. Entonces, no necesariamente negativo y no necesariamente doctrina en el sentido sectario, pero sí en términos de fuerte inclinación y preferencia. Cristiano es aquel que tiene una fuerte inclinación y preferencia hacia todo aquello que se relaciona con Cristo.

El <u>-ismo</u> proviene de la idea de preferencia que muchas veces está generada por el amor hacia aquello que se refiera el concepto que se va a definir. <u>Cristianismo</u> es preferencia pero también amor a todo lo que tiene que ver con la doctrina de Cristo; <u>judaísmo</u>, a todo lo que tiene que ver con lo judío; <u>marxismo</u>, amor a todo lo relacionado con la ideología marxista; <u>terrorismo</u> es la preferencia pasional hacia el terror como forma de estructurar los cambios; <u>pacifismo</u>, inclinación hacia la paz; etc. Insisto: todo <u>-ismo</u> significa inclinación y preferencia en el sentido amoroso del término.

En consecuencia, <u>egoísmo</u>, desde el punto de vista etimológico, significa un amor por el <u>yo</u> que hace a esa persona preferirse por sobre las demás. Esto requiere un amor, quizás muy grande, por uno mismo. ¿Y por qué sería malo esto? ¿Por qué sería malo quererme muchísimo a mí mismo?

Chavela: Porque si uno se quiere mucho a sí mismo no tiene espacio para querer a los otros.

J. B.: *(Alegrmente)* ¡Ahí está! Eso es lo que iba a decir. Chavela siempre me ayuda. Si no hubiera estado hoy acá yo no sé cómo habría llegado a todas estas cosas. Pobre Chavela, siempre te toca que yo tome lo que decís para argumentar todo lo contrario... Pero bueno, esa es una de las consecuencias de estar acá y de participar. Me parece muy bien, para eso uno dice "diecisiete".

Pues bien, si yo me quiero mucho a mí mismo -dice la gente por ahí, no lo dice sólo Chavela- no me queda espacio para querer a los demás. Si yo me veo a mí mismo, no dejo lugar para ver a los demás. De este modo, el problema parece no estar en que uno se quiera -en esto estamos de acuerdo- sino en la medida.

Señora que cuchichea: El problema es el amor desmedido.

J. B.: *(Entusiasmado)* ¡Eso! Me quiero tanto, tanto, tanto, que no me queda espacio para querer a los demás. Dicho así, uno entiende por qué el egoísmo es una cosa tan mala. Pues, sin duda, sabemos que no es bueno para nosotros ni para la humanidad quedarnos centrados con exclusividad sobre nosotros mismos; sabemos que el ser humano es un ser social y, por lo tanto, que este lugar no nos sirve... *(Al público)* ¿Estamos de acuerdo?

Público en general: *(Voces aisladas)* Sí, sí...

J. B.: Ahora faltaría saber si es cierto que si uno se quiere mucho a sí mismo no puede querer a los demás.

Público en general: *(Silencio)*.

J. B.: En principio, les cuento que esta es una idea graciosa.

Porque supone que existe una capacidad de amar limitada, por ejemplo, 11,28 unidades internacionales de amor. Entonces, si uno pone las 11,28 unidades sobre uno mismo, ¿no le queda espacio para querer a los demás? ¿Qué es nuestra capacidad de amar? ¿Un barril?

Cuando uno ya tiene un hijo y luego tiene otro, ¿tiene que dejar de querer al primero para empezar a querer al más chico? ¿De dónde se saca más capacidad de amar a un segundo hijo, a nuevos amigos o a la gente nueva de un grupo? ¿De dónde saco capacidad para amar a otros una vez que amo mucho a una persona? ¿Qué quiere decir, que si quiero mucho a mi esposa no puedo querer a ninguna otra persona en el universo porque la quiero mucho a ella? En verdad, no es así.

Nuestra capacidad de amar, por suerte, no funciona de esta manera. No es cierto que alguien "no pueda querer a los demás" porque se quiera mucho a sí mismo. El motivo no pasa por ahí. Alguien puede no querer a los demás por ser un antisocial, un negado, un resentido, pero nunca por ser egoísta. No es por quererse mucho a sí mismo que alguien no quiere a los demás. En todo caso, el problema será averiguar por qué esa persona no puede tener esos sentimientos.

Alguien mencionó antes el orgullo como un lugar peligroso. Yo les diría que lo realmente peligroso es hacerle creer a la gente -sobre todo a los niños- que la razón de que alguien no quiera a los demás es que se quiere a sí mismo. Ante todo porque es falso, y después, porque es justamente al revés. De hecho, sabemos hoy que solamente es posible llegar a querer a otros queriéndose antes. No hay ningún amor por el otro que no empiece en el amor que uno se tiene a sí mismo. Aquel que no se quiera, no puede querer a nadie. El amor por el otro proviene de la propia capacidad de amar, que comienza con la capacidad de amarse a sí mismo.

Quien dice que quiere mucho a los demás y poco a sí mismo, miente. O es mentira que quiere mucho a los demás, o es mentira que no se quiere mucho a sí mismo.

Por lo tanto, los invito a renegar de esa idea definitivamente. Renegar de la idea de que si uno se quiere mucho no le queda amor para querer a otro. En todo caso, el egoísmo se define por el hecho de quererse a uno mismo por sobre los demás. Y esta es, entonces, la definición que yo propongo establecer hoy para egoísta:

Es egoísta aquel que siempre se prefiere a sí mismo antes que a los demás.

Señora que cuchichea: ¿Siempre?

J. B.: Siempre.

Mina que estuvo en otra charla: Excepto con los hijos.

J. B.: Absolutamente, Susana, excepto con los hijos; porque los hijos son una excepción. Yo digo simplemente que hay 2.835 libros de psicología que hablan de las relaciones entre las personas y otros 2.835 que hablan de la relación entre los padres y los hijos, y la mayor parte de las veces estos libros dicen todo lo contrario de aquellos. Ya nos reuniremos otro día para hablar sobre la relación con los hijos; por ahora bastará saber que no hablo de ellos sino de la relación con todos los demás, con los otros. Los hijos no son "los otros" para los padres; porque son vividos como si fueran uno mismo. Piensen en todas las otras relaciones, no con los hijos. Aclaro -antes de que aparezca la pregunta-: la relación con los hijos es maravillosa, pero la relación con los padres es una más. Nuestros hijos son especiales para nosotros, pero nosotros no somos tan especiales para ellos.

En pocas palabras, la relación de incondicionalidad amorosa que tenemos con nuestros hijos, ellos son capaces de sentirla, pero la sentirán para con sus propios hijos, no con nosotros. Esto es de arriba hacia abajo, no de abajo hacia arriba; no es reversible. Los hijos no pueden sentir dicha incondicionalidad por los padres, entre otras cosas porque la tienen que reservar para el vínculo con sus hijos.

Me interesa subrayar la idea de que aquel que es egoísta no lo es porque se quiere tanto a sí mismo que no le queda espacio para querer a los demás. Repito: egoísta es aquel que siempre -no de vez en cuando, sino siempre- se prefiere a sí mismo antes que a los demás.

(Anota en el rotafolios en letras enormes)

EGOÍSTA:
SIEMPRE SE PREFIERE A SÍ MISMO ANTES QUE A LOS DEMÁS

(Gira lentamente sobre su eje y hace una pausa, expectante)
Y ahora viene la pregunta del millón de dólares (Miguel[1] me mira y se sonríe porque ya sabe lo que se viene): Esto *(señala la frase inscripta en el rotafolios)* es ser egoísta... *(gritando, con despecho)* ¡¿Y qué?! ¿Es malo preferirse a uno mismo, siempre, antes que a los demás? Olvídense de los hijos, ¿estará mal?

Yo me sorprendo cuando la gente se enoja con este tema. ¿Qué se supone? ¿Que si yo discuto con alguno de ustedes en este momento tengo que preferirlos a ustedes antes que a mí? ¿Alguien en esta sala puede creer que yo puedo querer a alguien de aquí más de lo que me quiero a mí mismo? Sería absolutamente absurdo.

---

[1] *Bucay se refiere a Miguel Lambré, el editor.*

Cuando yo me relaciono con mi esposa, a quien quiero más que a ninguna otra persona en el mundo, ¿significa esto que la tengo que querer a ella más que a mí? Piensen. ¿Por qué estoy con ella? Estoy con ella, en realidad, porque sé de nuestra relación, porque sé lo que hace en mí el amor que siento por ella, no por lo que le hace a ella. Yo no estoy con ella para hacerle un favor. No lo hago por ella; estoy con ella por mí.

Estar con el otro por el otro, pensar que la grandeza de ese amor implica en buenos términos el sacrificio de renunciar a uno mismo, es una idea siniestra. Me refiero a aquellas personas que dicen, por ejemplo: "porque yo esto lo hago por vos, quiero que sepas que lo hago por vos" ¿Saben qué hace la persona que dice eso? Agarra una libreta y anota, para poder pasarte una factura después: "10 de octubre de 1998, fui a ver la charla del idiota ese, y fui por vos, así que me debés una". Y "me debés una" significa: "la próxima vez que yo quiera que vayas a un lugar donde vos no querés ir tenés que venir igual porque yo fui aquel día a la charla de ese tarado."

Público en general: *(Risas).*

J. B.: Cuidado con estos manejos. A mi juicio, cada uno de ustedes debería transitar el espacio mejor de la autoestima y el egoísmo, que implica preferirse por encima de los otros.

Alguien podría preguntar, dentro de este razonamiento, qué lugar ocupa la solidaridad. Porque es indudable que la solidaridad es importante. Y la pregunta sería correcta, porque la idea de solidaridad no es tan lejana a la de egoísmo como se supone.

Cuando definíamos egoísmo, Carlos dijo que era lo contrario de altruismo. Dijiste eso, ¿verdad?

José: Sí, pero no soy Carlos, soy José.

J. B.: Ah... José. ¿Quién es Carlos?

Estudiante de primera fila: Yo.

J. B.: Carlos, ¿vos no creés que el egoísmo se puede definir como lo contrario de altruismo?

Carlos: *(Dubitativo)* ...Sí.

J. B.: Bien, como decía yo. Carlos dijo que egoísmo era lo contrario de altruismo, después José lo puso en palabras.

Público en general: *(Risas).*

J. B.: En efecto, altruismo -esto es, ahora lo sabemos, preferir al otro antes que a mí- sería lo contrario de egoísmo. Y por supuesto, yo lo considero enfermizo y sostengo, además, que no es necesario ser altruista para ser solidario, por lo menos cuando uno es un adulto sano.

Hay dos etapas en la vida de un individuo que yo, esquemáticamente, las llamo de ida y de vuelta. Para estar de vuelta hace falta haber vivido, haber pasado por cierta experiencia. Uno nunca sabe cuándo realmente está de vuelta, pero se puede ir dando cuenta. Mamerto Menapache, el sacerdote cordobés, dice que cuando alguien de dieciocho años afirma que "está de vuelta", él piensa: "No debe haber llegado muy lejos..."

Público en general: *(Risas).*

J. B.: Hace falta cierto tiempo vivido para darse cuenta de esa vuelta. Cuando yo estoy de ida, por supuesto si soy un buen tipo, creo que hay que ser solidario. ¿Y por qué creo esto? Porque pienso cosas como estas: "Yo podría ser ese que sufre", "Mañana, cuando yo sufra, otro debe pensar en mí y ayudarme", "Me siento culpable si no ayudo, esto es *(señalando hacia arriba con el dedo)* lo que me enseñaron mis padres", "Me da miedo el castigo que voy a recibir del jefe si no ayudo y si no soy solidario", etc. Estas son las razones que tengo. Y esas mismas razones son egoístas. Porque, como es obvio, termino siendo solidario por mí mismo. Soy yo el que se sentiría mal si no lo hiciera; no son razones referidas al otro.

Pero hay un momento en el que uno se da cuenta de la verdadera relación y el verdadero lugar que tiene en el mundo, pega la <u>vuelta</u> y regresa -como todos los héroes mitológicos, uno también regresa-. Y cuando vuelve, le pasa algo que es de lo más maravilloso que le puede pasar a una persona. Uno "descubre" finalmente el placer que se siente al hacer algo por alguien, por alguien que uno quiere o por alguien que uno ni conoce. Descubro, por fin, el profundo placer que me produce a mí mismo hacer algo por otra persona. Ahí recién comprendo el valor que tiene ser egoísta, y digo: "Yo soy tan egoísta, pero tan egoísta, que como me da tanto placer ayudarte, te voy a ayudar. Porque yo quiero, porque a mí me da placer".

Los hawaianos tienen un idioma con muchas menos palabras que las nuestras. Una de ellas, la que se usa para agradecerle a otro, es la palabra <u>majal</u>, que quiere decir <u>te agradezco mucho</u>. Y para responder a ese agradecimiento tiene una palabra -como nuestro "de nada"-, y esa palabra también es <u>majal.</u>

Cuento esto porque, en el contexto de ese lenguaje, está queriendo significar muy claramente que cuando uno hace algo por alguien, también es uno el que agradece al otro haberle permitido hacer algo por él. Es decir, que también es uno el que disfruta el placer de haber podido ayudar a alguien. Majal / Majal significa: Te agradezco que me hayas ayudado / Te agradezco que me hayas dejado ayudarte.

Porque, en última instancia, en este proceso donde uno ayuda a otro, los dos ganan. Pensar que si alguien ayuda a otra persona renuncia y pierde algo, o pensar que para poder ayudar a otro hay que sacrificarse, son ideas siniestras. Y conducen, lo que es peor aún, a concebir el amor en términos de sacrificio.

El amor, justamente, es todo lo contrario. El amor consiste en no vivir sacrificadamente. Hay que tener en cuenta aquellas cosas que uno hace con el amor. El amor consiste en que uno pueda disfrutar de aquellas cosas que hace por el otro egoístamente, porque se prefiere a sí mismo antes que al otro. Y porque alguien se prefiere a sí mismo decide hacer determinadas cosas por el otro. Incluso es esto lo que al otro más le puede servir.

La única ayuda que no genera deuda es la ayuda dada por el placer de ayudar.

Créanlo o no -en mi rancho, con mi referencia, como dice Landrisina-, no hay nadie en la vida de ustedes que sea más importante que ustedes. Alguno podrá decirme: "Pero, doctor... ¿Y la virtud? ¿Y la doctrina social, y la iglesia, y el judaísmo, y el Islam, que dicen: Amarás a tu prójimo como a ti mismo? ¿Qué?" Pues bien, dice "Amarás a tu prójimo como a ti mismo", no dice "más que a ti mismo". ¿Saben por qué no dice más? Porque ese concepto remite a la idea de excelencia, de máxima perfección, no a lo cotidiano. Ese lema señala lo que hay que lograr, lo máximo que un individuo puede sentir. Hacia allá nos dirigimos.

Pero la sabiduría de nuestros ancestros demuestra que ellos ya sabían que esto era una idea. Y que, en realidad, el parámetro de la medida se apoya en lo que uno es capaz de quererse a sí mismo. Y después, intentar, hacer lo posible, trabajar, para ver si se puede llegar a querer al otro como a uno mismo.

Y esto nos lleva por última vez a mi asistente personal en esta charla: ¡Chavela!

Público en general: *(Risas).*

J. B.: Porque Chavela dijo, allá y entonces, que el egoísta cree que todo gira alrededor de él; cree que él es el centro del mundo. El egoísta -aseguraba Chavela hace un rato- es un egocéntrico. *(A Chavela)* Y yo odio decirte esto, Chavela, pero... ¡Estoy de acuerdo! *(Irónico)* Nada me molesta más que arruinar un profundo desacuerdo con algún acuerdo ocasional...

Público en general: *(Risas).*

J. B.: Sin embargo, es necesario que antes de terminar diferenciemos el egocentrismo de la egolatría.

Egocentrismo es sentirse el centro del mundo. Y, en verdad, tampoco considero que esto sea malo. Porque uno es el centro del mundo, pero ¿de qué mundo? Atención, del mundo que uno habita, de su mundo. Entendámoslo así: el mundo de todas las cosas que quiero y conozco tiene centro en mí, y el mundo de todas las cosas de Chavela tiene centro en Chavela. Esto es, cada uno de nosotros es el centro del mundo en el que vive, y todas las cosas que pasan alrededor de uno pasan necesariamente por uno.

Egolatría es otra cosa. Egolatría es creerse que uno es el centro del mundo o de la vida del otro. Y eso es lo complicado. Lo siniestro, lo perverso y lo terrible es la egolatría, no el egocentrismo. Porque elególatra (egolatría quiere decir deificar el yo) cree que es un Dios, se cree superior.

El problema empieza en cuanto algunos suponen que los demás tienen la obligación de quererlos a ellos. Una cosa es que yo sepa que soy el centro del mundo en el que vivo, y que acepte que Sara es el centro del mundo donde vive ella, y que Miguel es el centro del mundo donde él vive, y que Susana es el centro de su mundo, y otra cosa muy diferente es que yo crea que soy el centro del mundo donde viven todos ustedes.

Eso es egolatría, eso es vanidad, eso es lo que no sirve. Pero tampoco sirve despreciarse dejando que el otro sea el centro de la vida de uno.

Si yo decido que José sea el centro de mi vida, no importa a qué distancia ande yo de José, siempre estaré girando alrededor de él. Si el dinero que gano es el centro de mi existencia, mi existencia girará alrededor del dinero. Lo mismo ocurre con el poder, con el sexo o con la gloria. La única manera de no vivir girando alrededor de algo o de alguien es ser el centro de mi propia vida, el centro de mi propio mundo. Y entonces, cuando yo sé esto y José lo sabe, y José y yo nos encontramos, seremos dos mundos que se encuentran, el mío con centro en mí y el de José con centro en él.

Por último, los invito a escuchar un cuento que se relaciona con lo que hemos venido diciendo sobre el egoísmo. Es de un escritor norteamericano llamado O'Henry, quien lo tomó de un viejo cuento suizo.

Se trata de dos hermosos jóvenes que se pusieron de novios cuando ella tenía trece años y él dieciocho. Vivían en un pueblito de leñadores situado al lado de una montaña. Él era alto, esbelto y musculoso, dado que había aprendido a ser leñador desde la infancia. Ella era rubia, de pelo muy largo, tanto que le llegaba hasta la cintura; tenía los ojos celestes, hermosos y maravillosos.

La historia cuenta que habían noviado con la complicidad de todo el pueblo. Hasta que un día, cuando ella tuvo dieciocho años y él veintitrés, el pueblo entero se puso de acuerdo para ayudar a que ambos se casaran.

Les regalaron una cabaña, con una parcela de árboles para que él pudiera trabajar como leñador. Después de casarse se fueron a vivir allí para la alegría de todos, de ellos, de su familia y del pueblo, que tanto había ayudado en esa relación.

Y vivieron allí durante todos los días de un invierno, un verano, una primavera y un otoño, disfrutando mucho de estar juntos. Cuando el día del primer aniversario se acercaba, ella sintió que debía hacer algo para demostrarle a él su profundo amor. Pensó hacerle un regalo que significara esto. Un hacha nueva relacionaría todo con el trabajo; un pulover tejido tampoco la convencía, pues ya le había tejido pulóveres en otras oportunidades; una comida no era suficiente agasajo...

Decidió bajar al pueblo para ver qué podía encontrar allí y empezó a caminar por las calles. Sin embargo, por mucho que caminara no encontraba nada que fuera tan importante y que ella pudiera comprar con las monedas que, semanas antes, había ido guardando de los vueltos de las compras pensando que se acercaba la fecha del aniversario.

Al pasar por una joyería, la única del pueblo, vio una hermosa cadena de oro expuesta en la vidriera. Entonces recordó que había un solo objeto material que él adoraba verdaderamente, que él consideraba valioso. Se trataba de un reloj de oro que su abuelo le había regalado antes de morir. Desde que era chico, él guardaba ese reloj en un estuche de gamuza, que dejaba siempre al lado de su cama. Todas las noches abría la mesita de luz, sacaba del sobre de gamuza aquel reloj, lo lustraba, le daba un poquito de cuerda, se quedaba escuchándolo hasta que la cuerda se terminaba, lo volvía a lustrar, lo acariciaba un rato y lo guardaba nuevamente en el estuche.

Ella pensó: "Qué maravilloso regalo sería esta cadena de oro para aquel reloj." Entró a preguntar cuánto valía y, ante la respuesta, una angustia la tomó por sorpresa. Era mucho más dinero del que ella había imaginado, mucho más de lo que ella había podido juntar. Hubiera tenido que esperar tres aniversarios más para poder comprárselo. Pero ella no podía esperar tanto.

Salió del pueblo un poco triste, pensando qué hacer para conseguir el dinero necesario para esto. Entonces pensó en trabajar, pero no sabía cómo; y pensó y pensó, hasta que, al pasar por la única peluquería del pueblo, se encontró con un cartel que decía: "Se compra pelo natural". Y como ella tenía ese pelo rubio, que no se había cortado desde que tenía diez años, no tardó en entrar a preguntar.

El dinero que le ofrecían alcanzaba para comprar la cadena de oro y todavía sobraba para una caja donde guardar cadena y reloj. No dudó. Le dijo a la peluquera:

- Si dentro de tres días regreso para venderle mi pelo, ¿usted me lo compraría?

- Seguro -fue la respuesta.

- Entonces en tres días estaré aquí.

Regresó a la joyería, dejó reservada la cadena y volvió a su casa. No dijo nada.

El día del aniversario, ellos dos se abrazaron un poquito más fuerte que de costumbre. Luego, él se fue a trabajar y ella bajó al pueblo.

Se hizo cortar el pelo bien corto y, luego de tomar el dinero, se dirigió a la joyería. Compró allí la cadena de oro y la caja de madera. Cuando llegó a su casa, cocinó y esperó que se hiciera la tarde, momento en que él solía regresar.

A diferencia de otras veces, que iluminaba la casa cuando él llegaba, esta vez ella bajó las luces, puso sólo dos velas y se colocó un pañuelo en la cabeza. Porque él también amaba su pelo y ella no quería que él se diera cuenta de que se lo había cortado. Ya habría tiempo después para explicárselo.

Él llegó. Se abrazaron muy fuerte y se dijeron lo mucho que se querían. Entonces, ella sacó de abajo de la mesa la caja de madera que contenía la cadena de oro para el reloj. Y él fue hasta el ropero y extrajo de allí una caja muy grande que le había traído mientras ella no estaba. La caja contenía dos enormes peinetones que él había comprado... vendiendo el reloj de oro del abuelo.

Si ustedes creen que el amor es sacrificio, por favor, no se olviden de esta historia. El amor no está en nosotros para sacrificarse por el otro, sino para disfrutar de su existencia.

Si te amo, lo mejor que puedo hacer es trabajar para construir la manera en que los dos vivamos juntos el mayor de los placeres: el encuentro. Un encuentro donde vos sepas que estoy al lado tuyo porque me quiero y me prefiero; y donde yo sepa que estás al lado mío porque, haciendo uso de tus mejores egoísmos, me elegís a mí para estar con vos.

Muchas gracias.

(Aplausos)

de la autoestima al
egoísmo
miedos culpa

MIEDOS

PARTICIPANTES

Señor acompañado de rubia más joven
Mujer bronceada
Señora de vestido escotado
Señora que masca chicle (Magdalena)
Señora desenfrenada
Señora que se abanica con el diario
Señor canoso (Mario)
Señora que come manzana
Chica con walkman
Señora del fondo a la izquierda
Señora de lentes con cadenita
Señora indignada
Señor respaldado contra la pared
Señora de remera rosa (con su hija)
Señora mayor muy maquillada
Señora que estuvo en otra charla (Celia)
Señor del fondo a la derecha

Modesta institución de una capital de provincia. Salón largo con espejo que cubre totalmente una de las paredes. Unas setenta personas de entre 20 y 60 años, mayormente mujeres, están sentadas en sillas distribuidas en el salón. Hay más personas paradas en el fondo y una veintena de jóvenes sentados en el piso, muchos de ellos con algún libro de Jorge entre las manos. Al lado del rotafolios, y a pedido de Jorge, una mesa, una silla que nunca usará, una botella de agua mineral, un vaso y marcadores gruesos de tres colores.

La reunión prevista para las diez de la mañana está por comenzar. Jorge entra, mira su reloj y dice:

- En cinco minutos empezamos.

Acto seguido, da la espalda al público y escribe en el rotafolios con el marcador negro unas palabras encolumnadas. Algunas personas toman nota.

FASTIDIO	ASCO	TIMIDEZ	MALOS RECUERDOS
APRENSIÓN	RECHAZO	REPUGNANCIA	RESISTENCIA
ODIO	PRECAUCIÓN	OBEDIENCIA	INCOMODIDAD
VENERACIÓN	DESAGRADO	REPULSIÓN	RESPETO
DISGUSTO	IRRITACIÓN	DESCONFIANZA	"COSA"

Público en general: *(Entre murmullos)* ¿Qué dijo?... ¿Qué?... ¿Qué es eso?... ¿Qué?... ¿Qué dice ahí? ...¿Repuqué?... ¿Hay que anotar? ...El último ¿qué es: casa o cosa?...

(Una Señora muy formal presenta a Jorge.)

Presentadora: Le pregunté al Dr. Bucay cómo quería que lo presentara, y me dijo que lo presentara así: Señoras y señores, Jorge Bucay. *(Mira a Jorge y pregunta)* ¿Así?

J. B.: *(Asiente con la cabeza y se adelanta al rotafolios entre aplausos)* Buenos días, gracias por estar aquí.

Cómo me gustaría que alguno de ustedes pudiera saber la gran emoción que siento. Es muy difícil para mí explicar este momento fenomenal que estoy viviendo. Yo, aquí, hablando sobre estas cosas que tantos otros repiten y escriben y dicen; y ustedes aquí, eligiéndome a mí para decírselas. Ustedes invitándome a viajar desde Buenos Aires para encontrarnos. Ustedes renunciando a otras cosas para estar aquí esta mañana. Otra vez gracias.

El tema de hoy es bien interesante. Se trata de los miedos. Y qué difícil es hablar de un tema tan vasto como este sin ser tan superficial como para no decir nada y sin ser tan denso como para que nadie entienda nada... sobre todo yo.

Público en general: *(Risas).*

J. B.: Porque a mí me pasa. Cuando hablo difícil, después no entiendo lo que digo.

Público en general: *(Más risas).*

J. B.: Trataré de ser breve en todos los conceptos. Primero, porque como dije, el tema es amplio. Segundo, porque lo más interesante de esta charla va a ser el aporte y las preguntas que surjan de ustedes. Y tercero y último, porque no hace mucho tiempo me encontré con una frase que me impactó y me hizo repensar esta otra ocupación, la docencia, que la vida me acercó. La frase decía: "Es mejor hablar poco y que la gente piense -quizá- que uno es un idiota, que hablar mucho y que a nadie le quede ninguna duda."

Público en general: *(Risas).*

J. B.: En CARTAS PARA CLAUDIA, mi primer libro, me animé a acercarme a una definición coloquial de lo que es ser neurótico. Decía allí que un neurótico es un inmaduro, alguien que no disfruta plenamente de su vida, alguien que no vive en el presente y alguien que interrumpe permanentemente su proceso vivencial. Y aun suponiendo que hubiera quedado claro, me quedé sin decir esto: En los hechos, en la vida cotidiana, en lo de todos los días, ¿cómo vive un neurótico?, ¿cómo es?, ¿cómo se lo reconoce?... Y más allá, ¿cómo me reconozco neurótico?

Si tuviera que contestar hoy a estas preguntas, yo diría que hay tres conductas estereotipadas que son emblemáticas: el mal humor, la queja y el miedo.

Todos sabemos que sin ser quienes somos no podremos nunca ser felices. Sabemos que la inautenticidad nos ocasiona sufrimiento. Nos damos cuenta de cómo se consume nuestra energía tratando de sostener los roles prefijados. Padecemos la falta de contacto afectivo y observamos una y otra vez el distanciamiento de nuestros seres queridos. Sentimos cómo nuestro yo neurótico no nos permite disfrutar de las cosas. Pero también hemos aprendido que en gran medida somos nosotros mismos los que no nos animamos a ser quienes verdaderamente somos...

La pregunta obvia persigue a los individuos desde el comienzo de la civilización; y a los filósofos, psicólogos y sociólogos, desde la creación de las ciencias cuyo objeto de estudio es el hombre: ¿Por qué no nos animamos a ser auténticos? En otras palabras: ¿Qué es lo que nos impide ser verdaderamente quienes somos? ¿Qué nos frena?

Básicamente, el miedo; o más precisamente, algunos hábitos que hemos adquirido como consecuencia del anclaje en algún miedo, propio o ajeno.

El miedo es, entonces, causa y consecuencia de la conducta neurótica, y hasta cierto punto es también su definición, porque el miedo condiciona, limita, restringe, achica, distorsiona.

El trabajo personal con los condicionamientos internos desempeña un papel preferencial a la hora de la lucha por la autenticidad; que es la pelea por ser, cada vez más, uno mismo.

Mi idea para hoy no es conversar puntualmente sobre los miedos específicos de algunos de nosotros, sino sobre qué significa tener miedo y, sobre todo, qué podemos hacer nosotros con él. Eso sería -a mi entender- lo más productivo que podríamos hacer en esta charla.

Para empezar, digamos que todos hemos sentido, sentimos y sentiremos miedo. Algún miedo. Tanto el miedo que llamamos simplemente miedo como el que nombramos indiscriminadamente con los sinónimos temor, susto, terror, fobia o pánico, aunque todas estas palabras designen en realidad cosas diferentes.

Agreguemos también los miedos que sentimos sin animarnos a llamarlos de alguna de estas maneras y que entonces disfrazamos con la elegancia del lenguaje, para hacer más digerible su contenido.

Hace un rato, antes de empezar, hice una lista de algunas emociones culturalmente aceptables y hasta deseables que muchas veces esconden miedo. Pensemos en estas frases...

"¿Miedo al mar, Yo? No. Le tengo <u>respeto</u>."
"¿Las cucarachas? No, no les tengo miedo. Me dan <u>asco</u>."

"... Porque yo soy muy <u>tímido</u>."

"No viajo en avión por <u>precaución</u>. Además, me trae <u>malos recuerdos</u>."

"No quiero ni encontrarme con ese h... de p... Me inspira <u>rechazo</u>."

"No es miedo, me da "<u>cosa</u>"."

"Me da cosa", ¿qué querrá decir "me da cosa" ?

Les propongo que aceptemos ahora, ya que podemos retraducir estos sentimientos, que somos más miedosos de lo que en general estamos dispuestos a admitir.

Señor acompañado de rubia más joven: Vos estás diciendo que alguien que a veces está de mal humor o que se queja de lo que no le sale, o alguien que tiene miedo, ¿es un neurótico?

J. B.: La respuesta que me sale decirte es sí y no. No, porque todo es un tema de grados; lo patológico, lo enfermo, es que el mal humor, la queja o el miedo sean la norma, que rijan tu vida, que estén presentes la mayor parte del tiempo. Y sí, porque en última instancia esos "sistemas" son la expresión de un cierto grado de neurosis que todos padecemos.

Señor acompañado de rubia más joven: ¿Vos querés decir que un individuo sano nunca estaría de mal humor?

J. B.: ¿Un individuo absolutamente sano? Nunca.

Señor acompañado de rubia más joven: ¿Ni se quejaría?

J. B.: Nunca.

Señor acompañado de rubia más joven: Ni tendría miedo...

J. B.: En el sentido en que hoy vamos a definir el miedo propiamente dicho, un individuo sano no sentiría miedo.

Público en general: *(Murmullos de inquietud).*

J. B.: No se enojen, anímense a seguir estos razonamientos hasta el final y quizás podamos ponernos de acuerdo.

Un individuo sano, quiero decir absolutamente sano (es decir, inexistente, una construcción teórica de individuo) se asustaría frente a una situación de peligro, la recordaría y aprendería de su experiencia, pero no condicionaría su conducta posterior con el miedo.

Señor acompañado de rubia más joven: *(Despectivo)* A mí me parece que es un juego de palabras. ¿Asustarse y tener miedo no es lo mismo?

J.B.: Puede ser que haya detrás un juego de palabras. Yo mismo a veces me pregunto si todos mis planteos, un poco provocativos, respecto del egoísmo, de la culpa o del amor, no son en última instancia un juego de palabras. ¿Quién sabe? En todo caso vamos a jugar juntos con este juego de palabras.

Ya que estamos, jugar quiere decir, según el diccionario, "entrar cómodamente una cosa dentro de otra". Por eso los chicos cuando juegan, juegan; entran cómodamente en la situación ficticia del juego y la viven con toda intensidad. Uno ve a un chico frente a un jueguito electrónico... Está casi ausente; otro chico se acerca y lo mira; el recién llegado no conoce el juego, así que pregunta: "¿Cuál sos vos?" Y el primero, mientras sigue jugando, le contesta: "Soy el rubio que tiene la espada y tengo que llegar al castillo del fondo..." El chico está jugando metido con toda comodidad en la trama de la pantalla. Quizá el señor *(se refiere al Señor acompañado de rubia más joven)* tenga razón y esto no sea más que un juego de palabras. En todo caso vamos a entrar en este juego a ver qué podemos aprender mientras lo jugamos.

En principio, eso que llamamos miedo incluye muchas cosas, entre otras el miedo propiamente dicho y el susto *(Jorge se da vuelta y hace una lista).*

MIEDOS	[MIEDO (p.p.d.) [SUSTO [TEMOR [FOBIA [TERROR [PÁNICO [ESPANTO [PAVOR

Vamos a empezar por tratar de diferenciar el susto de todos los otros términos.

El susto, a diferencia del miedo, se refiere a un hecho concreto que está sucediendo en el momento; es decir, es una respuesta a una situación presente.

Por ejemplo, si en este momento, en vez de golpear la puerta alguien la rompiera de una patada y entrara, todos nos daríamos vuelta de golpe asustados. El susto es una respuesta natural y absolutamente sana frente a un peligro concreto y objetivable, que si bien puede no ser tan peligroso como uno lo piensa, es vivido por el asustado como si fuera un verdadero peligro.

Estoy asustado cuando se presenta en el afuera una situación genuinamente amenazante que desemboca en esa sensación de inquietud y movilización que se conoce con el nombre de R. B. A. (reacción biológica de alarma). Hay una situación que evoca un peligro circundante y eso genera una respuesta.

El susto es el reflejo corporal y psíquico frente a la situación de peligro. Pongamos otro ejemplo. Si aquí y ahora entrara un león, lo más probable sería que todos nos asustáramos; porque la figura del león está asociada en nosotros a una situación de peligro, aunque este león estuviese amaestrado y no hiciese nada. Esto es susto, no miedo.

El susto yo puedo contárselo a otra persona y ésta lo puede entender, aunque no se asuste; porque la situación tiene cierta coherencia. Es decir, es lógico que uno se asuste ante una situación de peligro objetivo, y más aún si dicha situación está ocurriendo en el presente.

¿Cómo sería el miedo? Continuando con el ejemplo anterior, si el domador vino y se llevó el león, si todos lo vimos salir del edificio y espiamos por la ventana como se lo llevaban al zoológico y a los cinco minutos o al día siguiente yo empiezo a pensar que podría otra vez entrar un león y me empiezo a asustar de mi propia idea, y empiezo a tener la respuesta general de alarma a pesar de que el león no está, entonces no se trata de susto, sino de miedo.

Mujer bronceada: Pero sin embargo dicen que el miedo no es sonso...

J. B.: Recordemos que en los refranes se habla del miedo incluyendo toda esta lista *(señala el rotafolios)* de emociones; pero de todas maneras yo creo que el que no es sonso es el susto, no el miedo. Puede ser a veces un poco sonso porque, a diferencia del susto que siempre está ligado a una percepción del afuera, el miedo no siempre surge a partir de algo verídico. ¿Todos entienden lo que es una percepción?

Señora de vestido escotado: *(Vacilante)* Es una reacción.

J. B.: No, la reacción es el miedo o el susto. Pero esa reacción está relacionada con algo que yo percibo, que significa a partir de lo que registro con mis <u>sentidos</u>: yo escucho, veo, toco o huelo <u>algo</u> que entra por los sentidos, y evoca en mí la respuesta.

Señora que masca chicle: *(Entusiasmada con su relato)* Si en vez de un león entra un señor con un dóberman, y yo lo veo agarrado, con la cadena, etc., si igual me da miedo, ¿no es por un preconcepto del miedo? ¿No tiene que ver con la sorpresa?

J. B.: El susto tiene que ver con la amenaza aunque sea potencial...

Señora desenfrenada: *(Interrumpiendo, con velocidad)* Yo no le tengo miedo a un jarrón de vidrio, pero si se cae, me sorprende y me asusta.

J. B.: *(Pausado)* El susto tiene que ver con la sorpresa, con el registro instantáneo de la situación, con el desborde de los sentidos que perciben y, además, con el contenido de la experiencia previa. Es decir, se asusta más de un dóberman aquel que lo mordió un perro; porque, sin duda, hay una parte de la experiencia que informa que la situación es peligrosa. Uno puede no saber si lo que se viene es peligroso o no, pero su experiencia anterior se lo informa.

En principio, para separar la idea de susto de la idea de miedo, convendría acordar que básicamente -aunque no solamente- el susto entra por la percepción y el miedo entra por la imaginación. *(Jorge escribe en el rotafolios)*

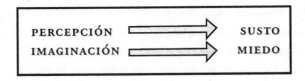

Por supuesto, hay miedos y sustos que entran por los dos canales. Por ejemplo: Veo algo, a partir de allí imagino algo que podría pasar y entonces me asusto de mi imaginario. Más adelante vamos a ver cómo se llama ese miedo, que es muy particular y tiene un nombre especial.

En suma, la imaginación alimenta el miedo como la percepción es la que alimenta el susto.

Mujer bronceada: Pero si yo me imagino que me estoy asustando, después me puede venir el miedo...

J. B.: El miedo y el susto no se imaginan, se sienten; uno siente que está asustado o que tiene miedo. Observen que ambas son emociones reales y verídicas, provengan de un hecho percibido real o de un hecho imaginario.

Lo que sucede con el susto es que el aparato perceptivo puede estar informando adecuadamente o inadecuadamente. Es decir, puede ser que lo que uno percibe realmente exista y sea ciertamente ofensivo (información adecuada) o puede pasar que uno perciba como peligroso algo que en realidad no existe o algo que existe pero es absolutamente inofensivo (información distorsionada). Esto se ve por ejemplo durante un episodio de alteración profunda del estado psíquico, como podría ser una intoxicación por drogas.

Señora que se abanica con el diario: ¿Qué le pasa a un paciente que tiene un cuadro psicótico? Un delirio, por ejemplo, o una enfermedad grave como paranoia o esquizofrenia.

J. B.: Posiblemente, esa persona pueda vivir asustada por la percepción de cosas que no existen. Es lo que se denomina alucinación. Un esquizofrénico que cree que lo están siguiendo. De hecho, ve o cree ver a la gente que lo persigue y está desbordado por esta situación. Uno se pregunta ¿qué tiene?, ¿susto o miedo?

Público en general: *(Silencio).*

J. B.: Esta es una pregunta psiquiátrica. Parecería que tuviera miedo, porque lo que siente es producto de su imaginación. Pero no, es susto. Lo que pasa es que su imaginación ha distorsionado la percepción. El paciente, pobre, está asustado de lo que cree que es real. Si yo alucinara una voz que todo el tiempo me dijera " Te voy a matar" , seguramente me asustaría de esta situación. La voz sería imaginaria, nadie más la escucharía; sin embargo, yo la sentiría real y reaccionaría en consecuencia.

Señora que se abanica con el diario: Por lo que vos decís, asustarse es bueno.

J. B.: Yo diría que la capacidad para responder con la R. B. A. es saludable en sí misma. ¿Por qué? Porque esa respuesta nos prepara a conjurar el peligro.

Si yo no fuera capaz de asustarme habría situaciones de peligro de las cuales no podría defenderme. Alejarme de aquí si se produjera un incendio me estaría protegiendo.

Señor canoso: Pero asustarse todo el tiempo no es bueno. ¿Dónde está el límite?

J. B.: Tu pregunta se puede reformular así: ¿Cuándo esa capacidad de asustarse se convierte en un problema? ¿Cuándo se transforma en un síntoma? Justamente, cuando la percepción nos informa mal sobre la peligrosidad de las situaciones. Cuando empezamos a percibir todo lo inofensivo como ofensivo, lo cotidiano como extraño y lo inocuo como dañino.

Y cuando alguien vive asustado, ¿qué le pasa? Tiene un montón de adrenalina, un montón de sustancias químicas circulando por su cuerpo que lo preparan para el peligro pero que lo terminan intoxicando. Y no estoy hablando sólo del daño psicológico, sino de la repercusión orgánica de esas sustancias.

Señor canoso: *(Curioso)* Específicamente, ¿cuándo se da esa situación?

J. B.: ¿Cuál?

Señor canoso: La de intoxicarse de esas sustancias que usted menciona.

J. B.: En primer lugar, no se da en el susto que pueda tener una persona cualquiera en lo cotidiano. Tampoco le va a suceder necesariamente a alguien que le tiene miedo a los perros y que cuando ve uno se asusta. No va a intoxicarse por eso. Puede pasarle a alguien que vive percibiendo el peligro por todos lados y suma a su sensación presentizada de susto el condimento agregado del miedo.

Señora que come manzana: *(Con voz aguda)* ¿Eso es la fobia?

J. B.: No exactamente, la fobia es otra cosa. Una cosa es que yo vea una rajadura en esta pared y que me aparte y empiece a pensar: "Uy, mirá si se cae", y otra muy distinta es que yo vea una pared y empiece a pensar en la rajadura que podría haber.

Chica con walkman: Las personas que sufren de pánico...

J. B.: *(Interrumpiendo, imperativo)* El pánico es otra cosa, ya vamos a llegar a ese tema. Les anticipo que hoy vamos a hablar de estas cuatro cosas: el susto, del que estamos hablando ahora, el miedo propiamente dicho, el pánico y la fobia.

Señora del fondo a la izquierda: *(Despectiva)* En las percepciones que son reales, en determinadas situaciones el susto se mantiene, no es momentáneo.

J. B.: Lo que vos decís se puede reformular así: ¿Qué pasa si la situación de peligro, real, externa, se mantiene durante un tiempo? ¿Es eso lo que preguntás?

Señora del fondo a la izquierda: *(De mala gana)* Sí.

J. B.: Pueden pasar dos cosas. La primera, que la tensión de la R. B. A. se mantenga y la persona caiga en una intoxicación como la que señalé antes. Y la segunda, que se agote la respuesta de alarma a raíz del acostumbramiento. Casi todos somos potencialmente capaces de aprender a vivir con cierta cantidad de peligro rondando. Vamos a poner un ejemplo ingrato, pero bien nuestro: la guerra de Malvinas. Lo cierto es que, al principio, esta guerra movilizó en nosotros un montón de susto. Había una situación real y concreta, que era el peligro de la guerra; los barcos llegaban a Malvinas, los chicos argentinos estaban peleando, había habido muerte, disparos y sufrimiento. En la capital toda esa movilización duró cuarenta y ocho o setenta y dos horas... Después, empezaron a hacer canciones, la gente cantaba, pasaban marchitas por la televisión, etc.; parecía un mundial de fútbol. ¿Qué pasó? ¿Desapareció la percepción? No, se agotó. *(Sin pausa)* Otro ejemplo: El gobierno militar generó durante mucho tiempo acciones que producían una percepción generadora de temor; pero después de un tiempo, muchos de nosotros -no digo todos- nos acostumbramos a los tipos con fusiles, a que la policía nos pidiera los documentos en la calle, etc. De alguna manera, nos habíamos acostumbrado a vivir esa realidad. Y cuando venía gente de afuera y nos contaba lo que estaba pasando aquí (ellos nos contaban lo que pasaba en la Argentina) nosotros decíamos: *(Ingenuamente)* "¿Qué? ¿Acá? ¡¡Por Favor!!" Habíamos aprendido a convivir con el peligro sin darnos cuenta de lo peligrosa que era nuestra vida.

Salgamos de la situación argentina. Pensemos en una esposa que vive con un marido alcohólico. La primera vez que el tipo vuelve borracho la mujer se enoja y entonces se desencadena un episodio de violencia. Ella se asusta, entra en pánico, tiene miedo, etc. Lo mismo le pasa la segunda vez y la tercera; pero después, <u>si no se va</u>, irá construyendo en base al agotamiento de la R.B.A. un acostumbramiento a esa historia de "durmiendo con el enemigo"...

Público de adelante: *(Murmullos de impresión).*

J. B.: Es triste decirlo, pero se acostumbra de verdad. La mujer ya no lo vive como peligroso. Es muy común en estos casos que alguien observe esa situación desde afuera y, a diferencia del que se acostumbró, perciba el peligro que el otro ya no puede percibir. Por ejemplo, una amiga de esta mujer ve al tipo alcoholizado, violento y descontrolado. Preocupada, espera que el tipo se duerma o no esté y le pregunta horrorizada a la amiga: *(Con voz desesperada)* "Decíme... ¿Cómo podés vivir así, con este tipo?" Y la mujer le contesta: *(Restándole importancia al asunto)* "No... ¡No pasa nada! Mucho ruido y pocas nueces. Este tipo ya no me asusta más".

Les doy un caso más todavía. Imaginemos una persona sumamente neurótica que manipula a los demás. Cuando no consigue lo que quiere, recurre a una manipulación de las típicas: la amenaza con el suicidio. Cuando alguien que uno quiere o que tiene cerca amenaza con suicidarse, frente a la sola posibilidad de que esto suceda, uno se pega un susto bárbaro. Claro, uno se asusta la primera vez, la segunda, la tercera, la cuarta. ¿Y la quinta vez?

Mujer bronceada: *(Obsecuente)* No lo escuchás.

J. B.: A la quinta vez ya no te asusta nada, o muy poco. Por supuesto, esta situación tiende a agravarse. Porque cuando el otro, el manipulador, me percibe inmune a su amenaza, cuando se da cuenta de que yo ya no me asusto, en general duplica su apuesta y la manipulación empieza a incluir intentos de suicidio cada vez más serios para conseguir que yo me asuste, que no se agote mi capacidad de respuesta de alarma.

Señor canoso: Hacen esas cosas para llamar la atención, nada más.

J. B.: Es verdad, pero algunas veces se les va la mano y se mueren de verdad.

Público en general: *(Risas)*.

J. B.: *(Asombrado por la reacción)* Es cierto, ¿de qué se ríen? ¿O van a creer esa vieja fantasía de que el que amenaza no se suicida? Cuidado.

Retomando, el susto se agota de la misma forma en que tienden a agotarse todas las emociones sostenidas por mucho tiempo. Se agotan con la desaparición de la sorpresa, y con la construcción que levantan los mecanismos de defensa. Mecanismos, estos, que por suerte están allí, para permitirnos seguir, para poder convivir çon esa situación y sobrevivirla. Porque nadie podría seguir infinitamente expuesto a una situación de peligro si no amortiguara su respuesta emocional. Pero atención, porque desde el punto de vista social se abre aquí otra amenaza.

El mejor manejo del miedo puede distenderme tanto como para permitirme desplazar la situación peligrosa de mi campo de atención y, lo que es peor, cuando el peligro agudo realmente disminuye, yo, que me había adaptado a él, voy a sentir la gran tentación y a tener la gran oportunidad de olvidar todo definitivamente.

Cuando en Brasil hubo hiperinflación y nosotros ya no la teníamos, uno llegaba a Brasil y decía: *(Con soberbia)* "¿Cómo pueden vivir acá? ¡Es insoportable!" Y ellos nos decían: *(Con despecho)* "¡Qué te pasa, estúpido, hace seis meses ustedes vivían igual!" *(Apesadumbrado)* Pero uno se olvidó. Nos habíamos adaptado tanto a la hiperinflación que nos fue fácil olvidarnos. Nos olvidamos de la hiperinflación como nos olvidamos de las dictaduras, de la bomba en la AMIA, de los crímenes impunes, de los negociados y de los corruptos. Nosotros nos olvidamos de todo y quizá no esté tan mal que podamos olvidar, pero de algunas cosas nos olvidamos demasiado rápido...*(En la última frase, la voz de Jorge se superpone con la de una participante.)*
J. B.: *(Recupera el tono)* ¿Perdón?

Mujer bronceada: Le decía... ¿Y si uno no se acostumbra y el susto continúa?

J. B.: Si la tensión se instala pueden suceder dos cosas: que se quiebre la estructura de personalidad, colocándonos en lugares dañosos para nosotros mismos, como la locura, o que se cree una estructura de adaptación especial que permita sostener un estado de alerta durante espacios prolongados de tiempo. Es decir, si uno no se psicotiza -y la mayoría de los que veo aquí ya perdieron ese tren- vivir en peligro permanente nos conducirá irremediablemente a una situación bastante común vulgarmente llamada estrés.

El verdadero estrés -en realidad deberíamos llamarlo distrés- es un estado de agotamiento completo de los sistemas de adaptación y del manejo del peligro donde ya el cuerpo no puede responder con señales de alerta y el individuo se desmorona; por lo general, no puede hacer más nada, no tiene fuerzas como para seguir adelante y, finalmente, termina en un estado de postración psíquica y física de la cual es muy lento y penoso el regreso. Un susto sostenido puede provocar esto. En psiquiatría se conoce esta situación como Neurosis de guerra, porque se la describió por primera vez entre los soldados noveles del frente de batalla. Después de un tiempo de soportar la presión y el espanto aparecen las crisis de llanto, la alternancia del afán combativo con la huida desesperada hasta que por fin el soldado se quiebra, se derrumba, "como si a una marioneta le cortaran los hilos", como solían describir los médicos del frente. Salvando las distancias, esto mismo pasa también entre nosotros frente a la prolongación de estados de mucha tensión.

Cuentan que un día, la madre despertó a su hijo alrededor de las 7 de la mañana y éste le dijo:

- No quiero ir a la escuela mamá, no quiero...
- Pero tenés que ir igual, hijo -contestó la madre comprensiva.
- Pero no quiero -dijo el hijo- no quiero. Dejáme faltar, mami. Dale... No quiero ir más mami -siguió- me da miedo el colegio, mami. Me da mucho miedo ir...
- Pero, ¿qué es lo que pasa, hijo, que nunca querés ir al colegio?
- Los chicos me tiran tizas y me roban las cosas de mi escritorio, mami -lloriqueó- ...y los maestros me maltratan... y se burlan de mí... No quiero ir, mami. Dejáme faltar, mami... dejáme...
- Mirá hijo -dijo la madre, firme-, tenés que ir igual por cuatro razones: La primera, justamente para enfrentar ese miedo que te acosa. La segunda, porque es tu responsabilidad. La tercera, porque ya tenés 42 años. Y la cuarta... porque sos el director.

Público en general: *(Risas).*

J. B.: Ahora bien. El miedo es la sensación de susto frente a un pensamiento. El estímulo para la propia respuesta temerosa no está en el afuera, sino en el adentro. Es la propia percepción la que me asusta, mi propia idea. Me imagino algo y, a partir de esa idea, tengo miedo. Me da miedo lo que me imagino, no lo que veo.

Señora de lentes con cadenita: Por ejemplo, el miedo a viajar en avión, ¿es miedo o es susto?

J. B.: *(Ingenioso)* Si yo estoy arriba del avión, agarra un pozo de aire que lo hace perder dos mil metros y no estoy acostumbrado, probablemente me asuste. Pero si sabés que eso puede pasar o que va a pasar, por lo general no te asustás. En este caso es susto. Por el contrario, el tipo que antes de subir al avión está pensando que el avión se puede caer, especula con la probabilidad de que se caiga, ve el avión y... *(emite balbuceos nerviosos)*, ese tipo no tiene susto, tiene miedo. El avión en sí mismo no es una cosa agresiva.

Volviendo a tu ejemplo... *(a la Señora que masca chicle)* ¿Cuál es tu nombre?

Señora que masca chicle: Magdalena.

J. B.: Volviendo al ejemplo de Magdalena; una cosa es que yo tenga el dóberman acá, que me muestre los dientes y yo me asuste, y otra cosa es que yo vea la foto de un dóberman y me asuste.

Magdalena: Y esa persona de la situación que diste vos, del avión que cae dos mil metros, ¿no puede tener miedo al avión?

J. B.: *(Intentando comprender)* ¿Qué le pasa a alguien que tiene miedo a los aviones y, encima del miedo, se le monta el susto?

Magdalena: Claro.

J. B.: Si vos tenés un miedo básico, por decirlo así, y aparece una situación que proviene del afuera, la sensación de peligro te aumenta. La prueba está, como digo siempre, en que para resolver este miedo no hay otro camino que enfrentarlo. Uno tiene que someterse a ese miedo para transformarlo en susto; esto es, llevarlo hacia la salud. Una vez que ese miedo se transforma en susto, entonces uno lo puede dominar y vencer. Esto es importante, tiene que ver con lo que decía al principio acerca de que hay cosas que podemos hacer con los miedos. Esta va a ser la línea de la charla. Para resolver el miedo tengo que tener la situación temida allí; para volverla una amenaza real debo verla, tocarla, olerla, oírla.

El susto es una respuesta a una situación presente no imaginaria, sino real. Uno le puede mostrar al otro el objeto del susto. Es más, en ciertas ocasiones, el objeto está presente en ese momento -como en el susto-, pero lo que uno siente es miedo, porque el peligro es sólo de la imaginación.

Retomemos el ejemplo de Magdalena. Si en lugar de entrar un dóberman mostrando los dientes entrara un caniche *(Jorge imita ladridos reiterados muy agudos)* y uno se muriera de miedo, entonces tendría verdaderamente miedo, no susto. Porque lo que genera la respuesta es pura imaginación, no una situación de peligro objetivable.

Señora indignada: *(Incómoda, movediza)* ¿¿Qué es una situación de peligro objetivable??

J. B.: Una situación peligrosa en la que cualquiera puede darse cuenta de que hay un riesgo. De hecho, en el caso del susto, si el motivo que lo provocó desaparece, desaparece también el susto. Es decir, el susto se terminó; uno se queda con la sensación, pero ya pasó. Por ejemplo, si uno está bañando a un bebé, se da vuelta a buscar la toalla para sacarlo de la bañadera y oye un ruido, piensa que el bebé se cayó y se puede asustar muchísimo. Sin embargo, con sólo girar la cabeza y comprobar que el bebé está bien, el susto desaparece. Otro ejemplo: si un señor me apunta con un revólver de juguete, yo no me voy a poner a pensar en ese momento si es de juguete o no; hasta que yo no sepa que es de juguete me pego un susto bárbaro, porque tengo la percepción de un revólver de verdad. Pero cuando me doy cuenta de que es de juguete ya no siento el susto.

Por supuesto, en parte, influye el contenido de la experiencia propia. Esto es, me asusto más fácilmente cuando tengo una experiencia que produce una asociación interna. El susto, como hemos visto, siempre está relacionado con algo que está pasando. En cambio, el miedo implica una idea, una sucesión de pensamientos. El que tiene miedo comienza pensando una cosa que lo lleva a pensar otra, y así sucesivamente, hasta que llega a un punto en que se muere de miedo. Por el contrario, el susto es como un reflejo, una respuesta frente a un estímulo. En la Argentina decimos "me pegué un susto", porque el susto es ahí, te pega.

Señor respaldado contra la pared: Pensando la idea de situación presente, ¿uno puede asustarse de algo que, en rigor de verdad, ya pasó?

J.B.: Es decir, si se cae una viga del techo al lado mío, yo me asusto aunque, en realidad, ya no haya peligro. Lo que podría haber pasado -que la viga me aplastara- ya no pasó, pero me queda el susto. El susto no está referido a una cosa que me pueda pasar después, sino a lo que pasó mientras pasó, a lo que escuché, a lo sorprendente de la situación, a la manera en que esa situación me sobrepuso, etc. Por el contrario, cuando la idea es que algo podría pasar, entonces ya se transformó en miedo. Siguiendo con este ejemplo, si cada vez que estoy bajo un techo con vigas empiezo a pensar que se puede caer, que me puede aplastar y que voy a morir aplastado, entonces ese susto se transformó en miedo. La primera respuesta frente a una situación de peligro que entra por los sentidos es susto. La segunda respuesta, por lo general, es miedo; porque entra en juego una construcción mental.

El miedo, dice Krishnamurti, es un invento del pensamiento, lo cual significa que nuestros miedos los inventamos nosotros, que son una construcción nuestra. Habitualmente, esa construcción está armada en base a la experiencia anterior de cada uno; esto es, en base a algo que nos pasó en relación al objeto temido y que nos dejó esta impronta, marca, huella o señal. El miedo se genera a raíz de una situación de peligro inventada por el pensamiento.

Señora de remera rosa: *(Peyorativa)* Yo tengo miedo que a mis hijos les agarre polio; por lo tanto, actúo vacunándolos contra la polio.

J. B.: Sí.

Señora de remera rosa: *(Más peyorativa)* Pero no es un invento, porque existe.

J. B.: *(Con una paciencia ensayada)* Decir que es un invento no supone que el objeto temido no exista. Hablamos de miedo a los aviones, a los perros, a los techos y, sin embargo, todas esas cosas existen, como la polio.

Señora de remera rosa: *(Insistente, con voz de derrota)* Todas las vacunaciones, todas aquellas cosas ante las cuales uno toma medidas para que no ocurran...

Señora indignada: *(Con tono descalificador)* Eso es prevención, no miedo.

J. B.: *(Conciliador)* En cierta medida, la prevención actúa desde el miedo. Así como el susto sirve para protegerte de algunos peligros, algunos miedos sirven para prevenir determinados daños.

Señor acompañado de rubia más joven: *(Exhibiendo su capacidad de comprensión)* Por ejemplo, el miedo a que te pise un coche te hace mirar para los dos lados antes de cruzar.

J. B.: Claro.

Señora que se abanica con el diario: *(Advirtiendo, mordaz)*

Mientras el miedo no te paralice...

J. B.: Eso es otra cosa. Si yo no tuviera miedo de que me pisara un auto; es decir, si imaginariamente no tomara en cuenta esa posibilidad, no miraría para ningún lado. Pero si tuviera un miedo tal que me impidiera cruzar, me quedaría a vivir de este lado.

¿Dónde está el límite entre el miedo patológico y el sano? Ante todo, hay que entender que el miedo, tanto el sano -que conduce a la reflexión- como el patológico -que conduce a la parálisis-, tanto el que sirve como el que no sirve, ambos, son inventos del pensamiento. Los dos son el resultado de algo que yo imagino que podría llegar a suceder en el futuro y que no quiero que suceda. El miedo siempre está vinculado a la idea del desagrado que me produce imaginarme algo que podría llegar a pasar; sea esto real o imaginario. Es decir, puedo tener miedo de algo que, quizá, no llegue a pasar nunca. Hay gente que está temerosa de cosas que, en rigor de verdad, nunca podrían llegar a suceder.

Señora del fondo a la izquierda: *(Con voz débil)* Adelantarse a los hechos...

J. B.: Yo diría adelantarse y, además, adelantarse mal. Por ejemplo, si yo ahora me pusiera a pensar que...

Señora desenfrenada: *(Interrumpiendo, ocurrente)* ¡Se termina el mundo!

J. B.: Es una buena idea para este caso. Si yo pensara que mañana se podría terminar el mundo, si me enganchara en esa idea y creyera que podría llegar a pasar, viviría el miedo a que eso sucediera. Me asustaría de mi propio pensamiento catastrófico.

Ahora bien, la pregunta es: Si me da tanto miedo, tanto fastidio, y es tan displacentero pensarlo, ¿cómo puede ser que termine pensándolo? En otras palabras, ¿cómo puede ser que yo me quede pensando en algo que me da tanto displacer pensar? Quizá porque, como dice Groddeck, el miedo siempre esconde un deseo.

Público en general: *(Murmullos de inquietud).*

J. B.: Ya lo veremos... Por ahora, pensemos. Si esto que puede pasar es tan desagradable, ¿para qué lo pensamos?

Señora de lentes con cadenita: *(A sí misma)* Porque uno a veces se castiga.

J. B.: Claro, sería una razón. ¿Hay otras? ¿Por qué pienso en esto que me resulta tan desagradable pensar?

Público en general: *(Silencio).*

J. B.: Desde este interrogante se trata de comprender el punto de vista psicológico. Porque, hasta aquí, a todos nos ha pasado pensar en algo que nos diera miedo, o tener miedo de que algo pasara o dejara de pasar. Es la gran pregunta que se hacen los psicólogos. Cuando se trata de una cuestión episódica, puede ser que esta fantasía catastrófica esté relacionada con una percepción real. Por ejemplo, leer en los diarios que cada día hay más robos en casas particulares de mi barrio puede generarme miedo. Aquí el miedo surge a partir de suponer que si le puede pasar a otro también me puede pasar a mí. Si actúo, puedo poner una reja, contratar vigilancia o mudarme a otro barrio. Observen que aquí el miedo surge a partir de una percepción concreta del afuera. Puedo chequear la situación con cualquier persona, mostrarle el diario, comentarle mi fantasía, y esa persona me puede entender fácilmente, hasta le puede parecer de lo más razonable. Por el contrario, si al leer el diario me entero de que... *(con exageración)* a un señor le creció una oreja adicional en el cuero cabelludo y, a partir de esa información, empiezo a despertarme todas las noches angustiado tocándome para ver si tengo una oreja en la cabeza o no la tengo, seguramente ese miedo no sea tan razonable ni tan lógico de entender.

Público en general: *(Risas).*

Mujer bronceada: *(Melodramáticamente)* Yo tengo un hijo, el más chiquito, de dieciséis años, que cuando los fines de semana yo estoy en el country, suele ir a la capital para salir a la noche. Siempre que se va, le digo: "Llamáme ni bien llegás porque quiero estar tranquila de que llegaste". Y él se enoja. ¡Todos los fines de semana lo mismo! Lo que pasa es que uno sabe y ve que hay tantos peligros en la calle... Así que para mi tranquilidad, y para evitarme toda esa imaginación, le pido que me llame.

J. B.: Y para enseñarle a él a tener miedo, si no ¿cómo le enseña uno a los hijos que tienen que tener miedo? Para eso también uno hace estas cosas.

Público en general: *(Ríen, un poco a desgano).*

J. B.: El ejemplo es bueno. Si uno lee estas cosas en los diarios todos los días, ¿cómo no va a tener miedo de que le pase algo a la gente que uno quiere? Es imposible no sentir este miedo.

Señora de remera rosa: Pero, ¿es cierto que uno le mete ese miedo a los chicos?

J. B.: Por supuesto. ¿Sabés por qué? Es importante saberlo. El susto es una respuesta automática; no hace falta intelecto para sentirlo, se siente desde la parte más animal. Un animal ve otro animal más grande que le gruñe amenazadoramente y se asusta; no necesita pensar: "Este, ¿me morderá o no me morderá?, ¿está atado o no está atado?" Cuando voy con mi perro por la calle y detrás de una reja aparece un perro que le gruñe y demás, mi perro se asusta, y no es que se asuste porque piense... "¿Y si la reja se cae?"

Público en general: *(Risas).*

J. B.: Esto venía a cuenta de que el susto es una respuesta natural. Ahora bien, cuando el susto evoluciona aparece el miedo, que ya no es una respuesta instintiva sino intelectual. Entonces, nosotros, nuestros hijos y los hijos de nuestros hijos, no hemos nacido con miedo, aunque sí hemos nacido con la posibilidad de asustarnos -la misma que tienen el perro, el gato y el canario-. Todos los miedos que tenemos los hemos aprendido; no son innatos. Hemos aprendido a tener miedo porque nos han enseñado. ¿Quiénes nos han enseñado?

Público en general: *(Como autómatas, todos imitan voces de niños)* Mamá y papá.

J. B.: Está claro, ¿no? Empezando -digo yo siempre- por la mala palabra que las madres y los padres les decimos a nuestros hijos -en realidad, no deberíamos, porque no hay que ser obsceno con los hijos de uno- que es: "Cuidáte" .

Señora indignada: ¿¿Por qué es una mala palabra??

J. B.: Porque "Cuidáte" es "Tené miedo", "El mundo es peligroso" o "Hacéte cargo de que no te pase nada porque yo no podría vivir si te pasara".

Señora que come manzana: Pero uno les dice esas cosas para prevenir.

J. B.: No, porque la frase está dicha desde un lugar muy jodido de los padres, que no es la prevención. La prevención es más que un tema de educación; es mostrarle al otro cómo son las cosas, explicarle lo que le puede pasar y qué cosas puede hacer para evitarlo. El hecho de que, cuando yo estoy saliendo, mi mamá me diga: "¡Cuidáte! ¿eh?" , ya no es educación, es un intento de cargarme en la mochila un peso más: Ahora debo cuidarme porque si no mi mamá va a sufrir.

Señora de remera rosa: Pero si le decís: *(sonriendo, con voz débil y cantarina)* "Cuidáte..."

J. B.: No sé. Hay que aprender a decir "Divertíte" .

Público en general: *(Exclamaciones de ternura y admiración).*

J. B.: Es su mejor mensaje. Cuando el nene tiene siete años y vos le decís "Cuidáte", puede ser que le sirva, aunque yo creo que no. Cuando tiene doce años, probablemente ya no le sirva más. Cuando tiene dieciocho, seguramente ya no le sirve para nada. Esto es, lo que uno no fue capaz de enseñarle a su hijo para que aprenda a cuidarse hasta que tenía doce años, no se lo va a enseñar a los dieciocho. Cuando mi mamá se entera de que yo voy a Mar del Plata y me dice: "Cuidáte, manejá despacio, no pases los autos", no es que mi mamá crea que yo ahora lo voy a aprender, no está respondiendo a eso; está respondiendo a su propio miedo, está diciendo eso para resolver su propio miedo y para actuar mágicamente; esto es, creer que si ella me dice "Cuidáte" me voy a cuidar y entonces no me va a pasar nada.

Señora de remera rosa: *(Niega con la cabeza).*

J. B.: *(Al resto)* Ella dice que no porque hoy vino con la hija, para que la hija no le hinche las pelotas con el tema de "Cuidáte".

Público en general: *(Risas).*

J. B.: *(A la señora de remera rosa)* ¿Es tu hija?

Señora de remera rosa: Sí.

J. B.: *(A la hija)* No le des bola cuando te dice "Cuidáte", vos hacéme caso a mí, decile que sí pero no te cuides, vos divertíte.

Público en general: *(Pocos sonríen, la mayoría queda estupefacta).*

J. B.: *(Apaciguador)* Tenemos que aprender que uno le enseña a los hijos a cuidarse, en verdad, por ellos mismos. Y creo que es muy importante enseñarle a los hijos a cuidarse, sobre todo, por los tiempos que corren, como vos *(Mujer bronceada)* decías. No obstante, el "Cuidáte" conlleva la impronta de comprometerlo al otro con la idea de que tiene que hacer algo y que lo tiene que hacer por uno. Nuestros hijos tienen que aprender a cuidarse por ellos, no por los demás. Por otro lado, hay aspectos del cuidado que uno deja de aprender con este mensaje del "Cuidáte" de los padres desde que es chiquito, porque es un gesto que está cargado de cosas. Hay que aprender que esa actitud condiciona demasiado. Les cuento algo para que entiendan qué quiero decir. Un día yo salí en bicicleta, me lastimé y volví a mi casa con el pie sangrando, y mientras volvía estaba preocupado por lo que le iba a pasar a mi mamá cuando me viera, no estaba preocupado por mí. A mí me dolía y yo pensaba: "Pobrecita mi mamá cuando me vea". Es algo absurdo. Hay que enseñarle a los hijos que el hecho de cuidarse es de ellos y para ellos. De allí que no crea que el "cuidáte" sea una buena idea. En todo caso, me parece que hace falta que nosotros hayamos podido educar al otro. Porque esto no se da sólo con los hijos. Cuando un amigo nuestro se va a Europa, le decimos: *(En tono bonachón)* "Che, cuidáte..."

Público en general: *(Risas de reconocimiento).*

J. B.: ¿Se dan cuenta? Uno tiene ya incorporado el "Cuidáte", no viene solamente de la madre o del padre.

Señora mayor muy maquillada: Jorge, *(como confesándose)* cuando yo era joven mi madre no me decía "Cuidáte", me decía "Juicio".

J. B.: *(Asombrado)* ¡Qué tal! ¿eh?

Señora mayor muy maquillada: ¿Qué querría decir?

J. B.: No sé. Pero la historia es siempre la misma. Si nosotros hemos educado a nuestros hijos -o a nuestros maridos y esposas-, ¿qué sentido tiene recordarles esto antes de que salgan? Lo que queremos es dejarles la impronta. Supongamos que yo me voy a España a trabajar y, antes de subir al avión, mi esposa me dice: *(haciendo el gesto con el dedo en el ojo)* "Ojo, ¿eh?"

Público en general: *(Risas de complicidad).*

J. B.: *(A los gritos)* ¿Qué es eso? ¿eh? ¿Recomendaciones de último momento? ¿Qué se supone? ¿Que yo voy a dejar de hacer lo que voy a hacer sólo porque ella me lo dijo a último momento? *(Recuperando el tono)* Hay que entender que estos mensajes de última hora se hacen desde los propios miedos de cada uno para conjurarlos. Uno no dice "Cuidáte" porque cree que con eso va a proteger al otro, no lo dice pensando que el otro se va a cuidar porque uno se lo advirtió. Nadie piensa esto seriamente. Nadie piensa que si dice "Juicio", el otro va a tener juicio; ni que si dice "Ojo", el otro se va a acordar del "Ojo" y entonces no lo va a hacer. A nadie se le ocurre que estas advertencias vayan a condicionar la conducta. Aquellos que dicen "Cuidáte", "Juicio" u "Ojo", lo dicen por ellos mismos. Y, como veremos más adelante, lo hacen desde los propios miedos, no desde el amor hacia el otro.

Señora indignada: Perdón. ¿Usted no cree que alguien pueda actuar, a la vez, desde sus propios miedos y desde el amor hacia el otro? ¿Por qué una cosa o la otra?

J. B.: Porque el peso de los propios miedos anula la actitud amorosa y, además, porque la persona que me ama quiere que disfrute, no que me cuide, sobre todo si no cree que soy un idiota. El que te dice "Cuidáte" te está diciendo: "el mundo es peligroso" ; el que te dice "Disfrutá" te está diciendo: "el mundo es un lugar de goce". ¿Quién te ama mejor?

Vamos a ver un esquema. *(Jorge irá escribiendo a medida que habla)*

Vamos a suponer una situación "X" que funciona como estímulo. La situación, cualquier situación, genera una emoción por pequeña que sea. Esta emoción desencadenará a su vez la necesidad de elaborar una respuesta vinculada a esa específica emoción. Cada estímulo implica, pues, una necesidad de respuesta.

Señora indignada: *(Como reclamando)* ¿Por qué una emoción implica una necesidad de respuesta?

J. B.: Porque las emociones son energía pura. Son como la caja donde Benjamín Franklin atrapó el rayo en la noche de tormenta. De hecho la palabra emoción deriva de moción, que significa movimiento. Cuando alguien viene y me dice: ¡Eh, tarado!", algo me pasa, alguna cosa me está produciendo. Y eso que yo siento va a juntar la energía que se gastará en una determinada respuesta. Las respuestas se ejecutan con la energía que generan las emociones. En el caso del señor que me insulta será gastada en el insulto, o en la bofetada o... si el señor es más grande *(sarcástico y mirando por encima de los anteojos)* se gastará... en salir corriendo.

Público en general: *(Risas).*

J. B.: Veamos otro ejemplo más agradable. Al encontrarme con una persona que quiero, siento internamente las ganas de demostrarle que la quiero y entonces le doy un abrazo, que es la manera de colocar en una acción la energía que produjo la emoción. Recuerden siempre: La emoción es la mitad del proceso; la otra mitad es lo que uno hace con esa emoción.

Señor canoso: La emoción, ¿es anterior a la respuesta?

J. B.: En general debo contestar que sí. Pero la disposición del dibujo obedece a fines didácticos. Existen las respuestas automáticas. Muchas veces la emoción no es anterior ni posterior; es simultánea, todo sucede en un mismo momento. Otras veces la emoción generada por el estímulo modifica la percepción de éste y modifica entonces la situación original. Será entonces la suma de emociones la que genere la respuesta. Es decir, estímulo, necesidad de respuesta y emoción están en un mismo nivel, se dan casi en el mismo momento. Pero lo importante para nuestra charla de hoy es recordar que cada situación genera una necesidad de respuesta que se va a nutrir desde una emoción, aunque a veces esa emoción no esté, por así decirlo, "disponible". Así es el esquema básico. Lo que siempre es posterior es la respuesta en sí misma, que es lo que él *(señor canoso)* preguntaba. Perdón, ¿cómo te llamás?

Señor canoso: Mario.

J. B.: Entonces, Mario, antes de que la respuesta efectivamente aparezca, tendrán que ocurrir algunas cosas más. Retomando lo anterior, la situación "X" es un estímulo que genera emoción y necesidad de respuesta. Es esta necesidad de respuesta la que provoca en mí, sin que yo lo decida, natural e instintivamente, una movilización de mis recursos energéticos para ponerlos al servicio de la respuesta óptima.

Decía: Me encuentro con un amigo que hace mucho que no veo, me emociono, aparece en mí la necesidad de respuesta; un temblor recorre mi cuerpo, siento ganas de llorar, siento en mis brazos, en mis manos, en mi cuerpo, el deseo de abrazarlo. Teniendo claro cuál es mi deseo -en este caso, abrazarlo-, esa necesidad de hacer algo desemboca, por ejemplo, en la decisión de abrazarlo. Y cuando una necesidad de respuesta se transforma en una decisión, la energía acumulada se transforma en las ganas de hacerlo. Estas ganas de hacer lo decidido se denomina excitamiento. Una emoción muy parecida a la ansiedad pero placentera.

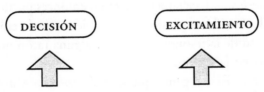

El excitamiento es lo que uno siente, por ejemplo, cuando está por salir para ir a una reunión muy importante, una fiesta o un encuentro con alguien que uno desea ver. Algo como un motor adentro te hace pensar y sentir las ganas de que suceda tal o cual cosa. Hay quienes lo llaman por igual ansiedad.

Señora de vestido escotado: *(Colaboradora)* O la euforia.

J. B.: Sí, de alguna manera también la euforia tiene, como característica, esa cuota permanente de excitamiento. Para algunos el excitamiento sería algo así como una ansiedad saludable y buena. Yo prefiero diferenciarlos, como ya veremos.

Mujer bronceada: El excitamiento ¿tiene que ver con la adrenalina?

J. B.: En cierta medida sí, porque la adrenalina se produce en esa etapa de movilización de energía, para preparar al cuerpo para la acción. Pero no quiero perder el hilo. Repito entonces, para no perdernos todos, la decisión provoca que la emoción o inquietud original se transformen en excitamiento.

Mario: *(Interrumpiendo, vacilante)* ¿La decisión?

J. B.: *(Señala en el rotafolios)* La decisión provoca que aquella energía ligada a la emoción original se transforme en excitación. Sólo cuando se tiene la energía acumulada por la excitación y se tiene la decisión de lo que se quiere hacer, se puede...

Señora que estuvo en otra charla: *(Interrumpiendo, orgullosa)* Actuar.

J. B.: *(Sonriendo)* Exactamente. Recién entonces puedo actuar.

Señora de vestido escotado: ¿Y si alguien tiene la emoción y la necesidad de la respuesta, pero por alguna razón no se anima a efectuar la acción?

J. B.: ¡Claro! Es esa gente que dice *(amenazante, acelerado)*: "¡Mirá que te pego! ¿eh? ¡Mirá que te pego! ¿eh?" *(Pausa)* Y cuando harto ya, uno le contesta: "Y bueno, ¡pegáme! A ver...", repiten: *(se acelera de nuevo)* "¡No me provoques! ¿eh?

¡Mirá que te pego! ¿eh? ¡Mirá que te pego!"

Algunas señoras cercanas: *(Risas divertidas).*

Público en general: *(Murmullos aparte).*

Mujer bronceada: No pueden tomar la decisión.

J. B.: No, la decisión la tienen, porque saben lo que quieren hacer, pero no se animan a ponerlo en práctica. Es decir, no se animan a dar el paso siguiente, se quedan interrumpidos.

Señora de vestido escotado: *(Como comprendiendo)* Amenazan.

Señora que se abanica con el diario: *(Altanera)* No producen la descarga.

J. B.: Claro, al estar interrumpido el proceso, no producen la descarga de energía. Y a veces, la acumulación de esa energía es capaz de derrumbar literalmente a una persona.

La gente se intoxica de esa energía no transformada en acción. Ya vamos a ver cómo.

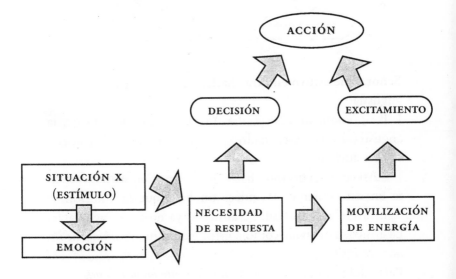

Lo cierto es que frente a una situación "X" de peligro -agreguemos, real o imaginaria- no siempre uno tiene claridad en la decisión, certeza de lo que quiere hacer. Es decir, no siempre uno sabe cuál es la acción adecuada. Con frecuencia, aquella necesidad de respuesta termina en la duda, no ya en la <u>decisión</u>. Aparece la inquietud. Esto es, el individuo no decide qué es lo que puede, quiere o corresponde hacer frente a esa situación. Y cuando uno aterriza en la <u>indecisión</u>, aquella movilización que originariamente se podía transformar en excitamiento se convierte, ahora sí, en ansiedad.

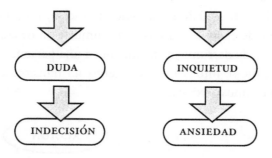

Señora que estuvo en otra charla: *(Como corrigiendo)* ¿No es angustia?
J. B.: *(Terminante)* No, Celia. Ya vas a ver dónde aparece la angustia. Está en este cuadro que estoy haciendo, pero aparece más adelante.

Así como la decisión hacía que la emoción se transformara en excitamiento, la indecisión hace que la emoción se transforme en ansiedad. La ansiedad ya no es tan agradable. La ansiedad es vivida como... grrr... ñammm.. *(gruñidos de insatisfacción).*
Parte del público: *(Acompañan levemente los gruñidos).*

J. B.: En la ansiedad se tiene el displacer de sentir que puede pasar lo que uno no quiere que pase; se piensa: "¿Y si llega a pasar? ¿Qué voy a hacer?", "Tendría que hacer algo y no sé qué voy a hacer", "¿Qué haría yo si sucediera...?", etc. Cuando esta situación de indecisión y ansiedad se mantiene, se transforma en parálisis. Uno se queda paralizado frente a la situación. Es decir, no sólo no sabe qué hacer, sino que, aun sabiendo qué hacer, uno no sabe cómo hacerlo, siente que no lo puede hacer y demás, le falta la fuerza necesaria. Cuando la emoción se transforma en parálisis, la ansiedad se transforma en angustia.

La angustia conlleva más ansiedad aún, más parálisis, más indecisión, etc. Es decir, aumentan las emociones que se venían teniendo y, además, se suma una sensación física concreta, que es la sensación de presión (de allí el nombre de angustia, que viene de angosto; cuando está angustiado uno siente que se le oprime el pecho). Se trata de una situación donde uno se siente desbordado, porque no sólo no sabe qué hacer, sino que, aun si se le ocurriera, no podría hacerlo.

Señora que estuvo en otra charla: *(Expositiva)* En ese momento de indecisión, cuando uno está tan angustiado...

J. B.: *(Continente pero firme)* Ahora voy a ese tema, Celia, esperá un momento.

Señora que estuvo en otra charla: *(Insistente)* Pero el equilibrio...

J. B.: *(Con humor, a pesar de todo)* No te preocupes que no te voy a dejar acá, en la angustia. Ya voy.

Chica con walkman: *(Curiosa)* Lo que venías diciendo antes, ¿puede llevar a un ataque de pánico?

J. B.: *(Desganado)* No, el ataque de pánico es otra cosa. También vamos a llegar a eso.

Señora de lentes con cadenita: Ansioso puede ser alguien que, cuando tiene que ir a un lugar, llega dos horas antes...

J. B.: Muchas veces se le llama ansioso también al que está excitado, así como a la excitación se la llama ansiedad. Hay gente que es tan ansiosa que, cuando quiere que algo suceda, quiere que suceda antes; está tan apurada de que eso pase, que hace las cosas antes.

Señora de lentes con cadenita: Pero no por eso tiene angustia.

J. B.: No, pero esa ansiedad puede ser inútil.

Mujer bronceada: ¿Cómo funciona la motivación?

J. B.: La motivación es el motivo de la acción, y en el esquema considerémoslo parte de la emoción. Frente a una situación determinada, la motivación puede ayudarme a que yo transforme la necesidad de respuesta no sólo en excitación sino también en decisión. Es decir, puede ayudarme a no detenerme antes de la decisión; porque uno puede detenerse en cualquiera de estos circuitos. La motivación es un incentivo adicional en la búsqueda de la energía para que yo pueda actuar. Muchas de las cosas que uno termina finalmente haciendo, se generan sólo desde la excitación o desde las ganas de que a uno le sucedan. No sería la primera vez que alguien se viste durante media hora, se perfuma, se afeita, va a la peluquería, se compra un traje y una corbata para encontrarse con la mujer que ama, cuando ella decidió que no iba a ir a la cita. Y se queda esperando dos horas al divino botón. Esto sucede. Es decir, no siempre la acción termina siendo efectiva; a veces es absolutamente inútil. ¿Se entiende lo que digo?

Público en general: *(Al unísono)* Sí.

J. B.: Vuelvo *(al rotafolios)*.

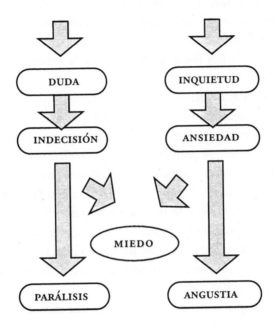

Cuando la parálisis y la angustia aparecen, ya no hay posibilidad de acción. Es decir, cuando uno ha llegado a quedar paralizado y angustiado frente a una situación, la suma de ambas sensaciones conduce, no ya a la acción, sino irremediablemente al miedo. El miedo aparece entonces cuando, frente a un estímulo real o imaginario, la necesidad de respuesta y la emoción conducen, por vía de la indecisión, hacia la parálisis y la angustia. Esta combinatoria de duda, ansiedad, angustia, indecisión y parálisis es de hecho lo que conocemos con el nombre de miedo.

Y si la parálisis y la angustia, en lugar de transformarse en una cosa ocasional se profundizaran aún más, se anidaran en nuestro ánimo, se transformaran en nuestra forma básica de respuesta, darían lugar a otra vivencia a veces bastante más dramática: la depresión.

Público en general: *(Comentarios de asombro).*

J. B.: No siempre, no se asusten. Lo que quiero decir es que en ciertas oportunidades, la depresión aparece a través de este mecanismo que acabo de señalar. Por ejemplo, si yo transito un momento de dudas e inquietudes, la indecisión y la ansiedad no tardarán en aparecer. Pero si caigo en la parálisis y la angustia, y me quedo mucho tiempo detenido en ese lugar, en vez de aterrizar en el miedo aterrizo en la depresión.

La palabra depresión es un CUCO de nuestra cultura. Sin embargo, en esta secuencia, a veces la depresión aparece en mi auxilio.

Mario: *(Inquieto por el planteo)* ¿Para qué me sirve deprimirme?

J. B.: En otras palabras: ¿De qué manera esta depresión puede servirme para conjurar el peligro? A ver si pueden seguirme en el razonamiento. Abrumado por mi sensación de peligro y desbordado por esta sensación de aniquilación, estoy anclado en el miedo. Y de pronto empiezo a deprimirme. Uno de los síntomas principales de la depresión es la disminución del compromiso con el mundo exterior y el aletargamiento de la vivencia emocional interna. Todo parece suceder detrás de un velo, entre algodones, distante, pobre.

Público en general: *(Murmullos de insatisfacción).*

J. B.: *(Adivinando)* No confundan depresión con tristeza. Son dos cosas diferentes. Cuando estoy deprimido no siento; no siento de sensación y no siento de sentimiento. Esta depresión, y no todas, esta depresión "de defensa" me sirve. Porque cuando me deprimo dejo de tener registro del estímulo y dejo de tener vivencia de la emoción. Y si pierdo ambos registros, desaparece la necesidad de respuesta, y entonces este mecanismo funciona como protección para mi psiquis. La depresión aparece como un modo evitador para no soportar la situación terrible que estoy viviendo.

Señora indignada: ¡Pero vos estás diciendo que es bueno deprimirse!

J. B.: *(Categórico)* No. Estoy hablando de la utilidad, <u>no</u> de la conveniencia. La depresión es un cambio a otra situación que la del miedo. En verdad, es tanto o más terrible que la anterior, es un canje en el que, en realidad, se sale perdiendo. Es como saltar de la sartén al fuego, un muy mal negocio. Todos hemos visto alguna vez como de un edificio en llamas la gente salta al vacío. Sabe que se va a hacer puré; sin embargo, para que las llamas no la quemen, salta. En el caso de la depresión el movimiento es el mismo: para salirse de una situación en la cual el estímulo y la emoción son terribles, se termina cayendo en una situación tanto o más terrible que la anterior. *(Cambiando bruscamente de tono, con voz dura)* Un deprimido es alguien que no siente nada, ni siquiera tristeza.

Señora mayor muy maquillada: ¿No sufre?

J. B.: Quizá sufra, pero no en términos de la tristeza y del llanto. En psiquiatría, el sufrimiento de la depresión se denomina "sensación de ruina interna". El deprimido es alguien que siente que algo se le ha roto adentro. Y es muy doloroso. No es una pavada, pero no es tristeza.

Señora de lentes con cadenita: Es alguien que no tiene ganas de vivir...

J. B.: A veces le da lo mismo. Pero tampoco un deprimido es necesariamente alguien que se vaya a suicidar mañana; porque en verdad la mayor parte de las veces no tiene ganas de nada, ni siquiera de suicidarse. La sensación que se vive es la de tener internamente los restos de algo o, mejor dicho, de uno mismo. Deprimido es aquel que se encierra en su casa y se queda en la cama durante semanas; y no sale porque siente que no tiene sentido hacerlo.

Señora de vestido escotado: Pero, ¿es consciente de su depresión?

J. B.: Sí, por lo general es consciente, y esa conciencia le resulta dolorosa. Por supuesto, hay distintos grados de depresión y hay depresiones que no se generan a través de este mecanismo. Por ejemplo, hay gente que participa de esta sensación, pero hace sus cosas, sale a la calle y trabaja todos los días *(enfático)* ¡Y con un esfuerzo...!

Parte del público: *(Completan la frase)* ¡...sobrehumano!

J. B.: Porque sostener esta situación y seguir haciendo cosas mientras uno está deprimido... es realmente heroico. Toda persona que se halle en una situación como esta terminará irremediablemente herida por la vivencia y posiblemente con una cicatriz como recuerdo.

(Se oye una risa reprimida en la sala)

J. B.: *(A la señora del fondo a la izquierda)* ¿Qué pasa?

Señora del fondo a la izquierda: *(Ríe nerviosamente)* ¡Ji, Ji, Ji! Las heridas...

J. B.: ¡Ah! ¡Heridas! *(Con ironía)* ¡Ja, Ja, Ja!

Señora del fondo a la izquierda: Le estaba contando a la señora de la cicatriz de mi última herida, que terminó en una internación en un psiquiátrico.

J. B.: Pronto vamos a hacer un desfile de cicatrices...

Público en general: *(Carcajadas nerviosas).*

J. B.: Vamos a nombrar las heridas y cada uno va a mostrar las cicatrices propias... y yo voy a mostrar las mías...

Público en general: *(Divertidos, terminan de reír).*

J. B.: En CARTAS PARA CLAUDIA, mi primer libro, cuando me refiero a un momento de mi vida en que yo estuve deprimida *(recapacitando de pronto)* ¿deprimida?... deprimido...

Público en general: *(Carcajadas).*

J. B.: Deprimida o deprimido, ¿por qué no? Después de todo...

Señora que estuvo en otra charla: *(Anticipándose)* Todos tenemos los dos aspectos, el femenino y el masculino.

J. B.: *(Con ironía)* Me parece que algunas de mis cosas femeninas voy a preferir dejarlas para más adelante...

Público en general: *(Risas).*

J. B.: Decía que contaba en mi libro mi experiencia con la depresión. Y sinceramente, siento que si yo no hubiera pasado por eso, me costaría mucho más entender lo que es una depresión. Para mí, sólo alguien que estuvo verdaderamente deprimido...

Señora de lentes con cadenita: *(Interrumpiendo, en tono complaciente)* Hay que vivirlo...

J. B.: *(Acelerando el ritmo)* ...puede entenderlo. Por supuesto, como siempre, todo es un tema de grados: hay gente que no parece ni se le nota. Y hay otra gente que no sé si se mata, pero se deja morir.

Cuando una persona que no está deprimida se encuentra con otro que sí lo está, lo que siente es la sensación de estar con una cáscara vacía. Aunque uno lo vea, parece que no está; contesta, dice, por momentos sonríe, pero uno lo mira y ve que no tiene brillo en los ojos, que le falta algo, como si estuviera sin vida.

Chica con walkman: Con la mente en blanco, ¿no?

J. B.: No. Con la mente en negro. Con la presencia ausente.

Nos encontramos con ellos y hay algo que no nos cierra. La razón es que hubo allí atrás un estímulo que ha provocado una necesidad de respuesta y una emoción que esa persona no pudo actuar y que, con el paso del tiempo, se ha transformado en parálisis y angustia. Y eso se percibe.

Chica con walkman: Pero a veces no se nota.

J. B.: A veces, gente muy racional o muy lúcida desarrolla cierta habilidad para disimularlo. Es más, si le preguntás: "¿Estás triste?", te dice que no, y si le preguntás: "¿Te sentís bien?", hasta te puede contestar con un académico: "Bárbaro". Sin embargo uno lo ve y le falta algo, le falta la chispa de estar vivo. Mucha infelicidad puesta al servicio de un modelo de vida que no es el que se busca genera un condicionamiento que impide actuar las emociones verdaderas, y eso termina conduciendo a un estado de agotamiento tal, que de la inseguridad y del miedo, se pasa tarde o temprano a la depresión.

Hay gente que tiene lo que se denomina una "depresión larvada"; esto es: el tipo sale, trabaja, se ríe, va, viene, se levanta temprano, etc. Aparentemente no está deprimido, pero si uno investiga encuentra que no está disfrutando de su vida, que lleva una vida vacía de contenido. En verdad, está deprimido, aunque no se dé cuenta. En ese caso, hace falta que alguien lo ayude a darse cuenta de que lo que tiene es una depresión. En el consultorio, casos así son vividos con mucha sorpresa; el paciente se entera de que está deprimido y encara esa depresión, si bien nunca se había dado cuenta de que la tenía. A diferencia de la tristeza, la depresión no es un diagnóstico fácil.

Señora indignada: ¿En qué se diferencia de la tristeza?

J. B.: La tristeza abarca sensación de dolor interno, ganas de llorar, pena, sensación de pérdida. Aunque no sepas cuál es el motivo. Alguien que está triste, por ejemplo, tiene ganas de llorar, está muy apenado por lo que le pasa a él, adentro o afuera.

Señora que se abanica con el diario: *(Clarificadora)* Y muy emotivo, también.

J. B.: *(Encantado por la intervención)* ¡Muy bien! Un factor clave de la diferencia entre la tristeza y la depresión es justamente ese. Porque el individuo que está triste está hiperemotivo; en cambio, el que está deprimido está poco emotivo. La persona que está triste tiene aumentada su sensibilidad, aunque sea hacia el lado de la pena; por el contrario, la persona que está deprimida tiene disminuida su capacidad de emocionarse, aunque parezca mentira. No le pasa nada. Cuando alguien le dice a un deprimido: "Pero, ¿no te da pena? Mirá qué triste está tu familia", el tipo contesta: "Y bueno". No se pone triste por lo que les pueda estar pasando a los otros, no porque sea malo sino porque está desconectada la vía emotiva.

Magdalena: La depresión, ¿conduce a la indiferencia?

J. B.: La verdadera depresión se acerca mucho y peligrosamente a la indiferencia. Alguien deprimido puede dejarse morir y darle exactamente lo mismo. Sin embargo, hay que entender que no se trata de una situación sin salida. Recuerden el dicho sobre el callejón sin salida, que dice que hay que salir por donde uno entró. Es decir, hay que buscar cómo ese individuo transitó el mecanismo para pasar de la indecisión y la ansiedad -situación que, aparentemente, no tenía solución-, a la parálisis y la angustia, para luego pensar cómo ese estado le produjo tanto temor a actuar que lo llevó a la depresión. Hay que encontrar la manera de hacerlo regresar para que pueda retomar el camino y salir de ese lugar. Si uno pudiera conectar a estos pacientes deprimidos con revisar la historia que los ha llevado a la parálisis, quizás empezarían a encontrar una solución.

Mario: ¿Todas las depresiones son así?

J. B.: No. No todas las depresiones tienen este origen. Hay otras depresiones, por ejemplo, que más que psicológicas son orgánicas. Se llaman "depresiones endógenas", y tienen que ver más con la bioquímica, con los neurotransmisores y con sustancias químicas, que con la historia del paciente. Este tipo de deprimido, por más que uno le dé todas las soluciones psicológicas del mundo, no va a salir de su depresión a menos que se le reponga lo que le falta. Es decir, las depresiones endógena y exógena requieren tratamientos diferentes. Aparte de un buen diagnóstico, la endógena requerirá medicación, tratamiento con drogas, etc.; porque si no estas personas no podrán curarse. Las personas con depresión exógena, esto es, la depresión de afuera hacia adentro, desde el punto de vista orgánico no tienen ninguna alteración. Si uno hace el dosaje de aquellas sustancias de las que hablamos, los valores de laboratorio serán absolutamente normales; porque el problema no es orgánico, sino psicológico.

Existen también algunas depresiones que no son endógenas y, sin embargo, no se desarrollan según el mecanismo que estamos analizando. Por vía de la tristeza, por ejemplo, se puede llegar a las llamadas "depresiones reactivas", en las cuales la persona reacciona ante situaciones concretas y dolorosas del afuera. Tengan en cuenta que los límites entre estos conceptos son muy sutiles, y quien no los conoce en profundidad puede equivocarse. Hay que tener mucho cuidado. Una tristeza muy profunda y muy arraigada, sostenida durante un tiempo prolongado, puede fácilmente -por un tema de sobreestimulación- terminar deprimiendo a un individuo. Me refiero a situaciones como la pérdida de un ser querido, una experiencia dramática, etc.

Público en general: *(Comentarios personales).*

J. B.: Les pido que no pongamos ejemplos. Aquí la depresión no vendría por el tema de la decisión o la indecisión, sino por otro lado. Yo sólo quise mostrarles una posibilidad de agravamiento de la situación del esquema.

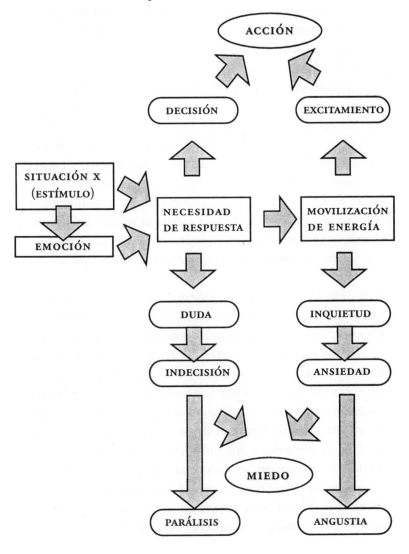

Ahora bien, en el esquema que hicimos se ve claramente que el miedo es el otro extremo de la acción, es justamente lo opuesto. No sólo porque el miedo no te deja actuar, sino porque siempre se trata de hacer una elección entre actuar o quedarse con el miedo. Con esto quiero decir que al miedo se lo vence actuando, y no hay otro camino.

Cuando finalmente nos decidimos a actuar, puede ser que nos asustemos ante la idea de lo que vamos a hacer, pero ya no vamos a tener miedo. Por otro lado, si nos quedamos con el miedo, nos condenamos a no actuar nunca, porque el miedo bloqueará la acción. Para actuar es necesario tomar una decisión, aun cuando la decisión sea equivocada. Si se logra transformar la indecisión, la parálisis, la ansiedad y la angustia en una decisión, esta decisión traerá el excitamiento y se transformará en acción; y al actuar el miedo desaparece. Quizás haya susto, pero no importa, porque el susto pasa.

Señora de vestido escotado: *(Impresionada)* Hay que ser valiente, ¿eh?

J. B.: No sé si hay que ser valiente, hay que saber que esta es la salida. Les doy un ejemplo para que entiendan. Una vez, en una escala a Israel, estando en Dakar, el avión en que yo viajaba casi se estrella. A partir de ese momento, yo quedé muy aprensivo con el tema de los aviones. Durante cierto tiempo me daba mucho miedo la idea de viajar en avión. Además, por mi trabajo y porque me gusta, no estaba dispuesto a dejar de hacerlo. Finalmente me curé de este miedo, o me curó un amigo mío, que no es médico, ni psiquiatra, ni psicoanalista, pero que es dueño de un avión chiquitito. Lo que Cristian hizo por mí, de verdad, fue llevarme a pasear en su avión y ayudarme a que yo me animara a manejar el avión de él.

Público en general: *(Murmullos de asombro).*

J. B.: Salimos de Tortuguitas en un avión de ocho plazas. Una vez en el aire, Cristian me hizo sentar en el lugar del copiloto y me mostró todos los controles. En un momento me dijo: "Manejalo vos." Y yo... lo hice. Mientras estuve manejando, sentí sensaciones muy agradables, y al bajar ya había decidido tomar clases de piloto. En tres meses aprendí lo básico de pilotear un avión. *(Enfático)* Cuando entendí lo que pasaba en un avión, cómo se manejaba, qué recursos tenía, qué era doblar a la derecha, qué era doblar a la izquierda, qué era una turbulencia, qué era un pozo de aire, qué era peligroso y qué no lo era, el miedo desapareció.

Chica con walkman: *(Intempestiva)* ¿Nunca te tiraste en paracaídas?

J. B.: *(Intrigado)* No, nunca.

Chica con walkman: *(En tono de burla)* ¡Ja, Ja, ja! Yo sí.

Público en general: *(Carcajadas).*

J. B.: *(Imperturbable)* No es lo mismo... lo que quiero decir es que a ella...

Público en general: *(Murmullos).*

J. B.: *(Ingenioso)* ...en realidad la tiraron... No se dieron cuenta de que tenía el paracaídas puesto.

Público en general: *(Ríen apreciando el chiste).*

J. B.: Volviendo al ejemplo del avión. ¿Qué pasó? Que la indecisión y la parálisis con relación al tema del vuelo se transformaron en una decisión. De allí el excitamiento y la acción. A partir de aquella experiencia, lo que actualmente me pasa cuando viajo en avión es que siento mucho placer, me parece encantador, divertido y la paso bárbaro. A todos los que tienen miedo de viajar en avión les recomiendo: hagan un curso de piloto.

Público en general: *(Risas).*

J. B.: Pero... se los digo de verdad, ¿eh? Yo les aseguro que si ustedes se animan a tomar la decisión, se acercan a una escuela de vuelo a tomar unas clases, el miedo a los aviones *(separando en sílabas, didáctico)* se-ter-mi-na.

Público en general: *(Comentarios).*

J. B.: Por ahí se termina la vida de uno, antes. Pero...

Público en general: *(Carcajadas).*

Señora de vestido escotado: *(Solemne)* Si ya se llegó a la acción, ¿qué pasa cuando la sensación física del miedo se mantiene?

J. B.: Esto es importante para nosotros, los neuróticos.

Público en general: *(Risas).*

J. B.: Los síntomas siempre se gestaron relacionados con el hecho concreto que los justifica. Pero, lamentablemente, es más fácil para el cuerpo utilizar un viejo síntoma para expresar otra cosa que fabricarse un síntoma nuevo. Es decir, si antes, cuando tenía miedo, se me cerraba la garganta; ahora, al estar deprimido, es más fácil -para significar la tristeza- usar el mismo síntoma que ya tengo diseñado en mi cuerpo que fabricarme un nuevo. Entonces, ¿qué pasa? Se resignifica el síntoma.

Señora mayor muy maquillada: *(Provocadora)* No me parece.

J. B.: *(La mira de reojo y sigue, alzando la voz)* Por ejemplo, si me inventé el asma para significar la sensación de ahogo que tenía por la opresión de mi casa; hoy, cuando me pongo triste, hago un ataque asmático. Puedo decir que la tristeza se somatiza en el asma, pero puedo decir también que mi cuerpo aprendió a expresar su fastidio y su displacer de esa manera. Se ha resignificado un síntoma, en este caso el asma. Repito: Es más fácil para el cuerpo darle una nueva significación a un viejo síntoma que inventar uno nuevo.

Es más, un síntoma sostenido puede hacer creer al paciente que sigue teniéndolo aunque haya desaparecido. Hay mucha gente que confunde el excitamiento con la ansiedad y con la angustia, gente que no tolera sentir excitación. Siente esa sensación hermosa de tener ganas de que pase algo y entonces se va hasta la mesita de luz y se toma un Lexotanil.

Señoras de adelante: *(Murmullos de desavenencia y conmoción).*

Público en general: *(Risas).*

J. B.: No, no se rían. Esto es dramático, terrible y dañoso; porque quienes lo hacen están frenando un proceso que conduce hacia la acción y, por lo tanto, terminan sin poder actuar.

Mujer bronceada: ¿Por qué hacen eso?

J. B.: Porque cada vez que aparece el excitamiento creen que es ansiedad, y entonces, lo aplacan con una medicación. De hecho, tomar una aspirina cuando me duele la cabeza me parece bárbaro, pero tomar tres aspirinas por día por si acaso me llegara a doler la cabeza...

Señoras de adelante: *(Comprendiendo)* ¡Nooo!... ¡Claaaro!...

J. B.: Que alguien pueda tomar una medicación recetada por un médico por un período determinado, o alguna vez durante el día para conciliar el sueño porque se está muy ansioso, me parece bárbaro. Pero tomar tres pastillas de Lexotanil por día por si acaso me pongo ansioso impide que yo pueda transformar mi necesidad de respuesta emocional en excitamiento y, por lo tanto, puede impedir que yo actúe saludablemente. Cuidado; no sea cosa que en el intento de evitar la ansiedad termine cayendo en el miedo o la depresión.

Cuando la gente me pregunta si los ansiolíticos pueden producir depresión, yo digo: "No, no pueden producir depresión. Sin embargo, tomados indiscriminadamente durante mucho tiempo, pueden frenar el excitamiento de manera tal que todas las decisiones se queden sin fuerza para ser actuadas y esto termine causando depresión por inacción."

En la otra punta existen los que viven ansiosos y angustiados. Cuando se van de vacaciones, como serenan sus revoluciones, tienen menos necesidad de tomar decisiones y están en paz, creen que están deprimidos y van al médico a que les dé algo porque "están un poco caídos"...

Señora que estuvo en otra charla: *(Con voz suave)* ¿Qué pasa con el miedo a la muerte? Porque no lo podés actuar...

J. B.: En principio, el miedo a la muerte es el mejor ejemplo de cómo tememos a un producto de la imaginación. Uno no se asusta de la muerte, le tiene miedo. El miedo a la muerte tiene que ver con algo que uno no conoce, porque nadie se ha muerto antes de morirse. Lo que hace temer la muerte no es la muerte misma sino lo que uno se imagina de la muerte. La pregunta sería: ¿Cómo se transforma esto en una acción que conjure el miedo?

Señora que estuvo en otra charla: *(Con falsa espontaneidad)* Es un miedo universal.

J. B.: *(Como acelerando el trámite)* Sí, es un miedo arcaico. Pero dejáme contestarte específicamente lo que me preguntaste. Si lo que yo digo es cierto -que los miedos se vencen con acción- en este caso, el del miedo por excelencia, pese a ser el miedo más extremo de todos también debería cumplirse la regla: La acción es lo opuesto del miedo. Y se cumple.

Veamos. El único antídoto que hay para no tenerle miedo a la muerte es conectarse con la acción de estar vivo. El que tiene miedo a la muerte, en algún lugar se desconectó tanto de la acción como para engancharse en ese miedo.

Fíjense qué claro que es esto. ¿Qué es lo que da miedo de

la muerte? Seguramente algo relacionado con la idea de lo que se deja pendiente, de lo que se va a perder de disfrutar, de todo lo que no se hizo todavía, de todo lo que debería haberse hecho y no se hizo. Desde este punto de vista es fácil entender entonces mi propuesta: La manera de resolver el miedo a la muerte es dejar la masturbación y el lamento permanente con esto y aquello y, en lugar de quedarse cavilando en todo lo que no se hizo, *(enérgico)* conectarse de una vez y para siempre con la acción y empezar a hacer.

Público en general: *(Exclamaciones de aprobación).*

J. B.: Cada vez que perciban su miedo a la muerte, sería bueno que se preguntaran qué es lo que todavía no hicieron, qué tienen miedo de dejar sin hacer... Y después de darse cuenta, inmediatamente después, lo mejor de todo sería dejarse de perder el tiempo viniendo a las charlas de Bucay y hacer lo que tienen pendiente...

Público en general: *(Risas).*

Señora del fondo a la izquierda: ¿Cuáles son los miedos más importantes?

J. B.: Ahora mismo iba a hablar de eso, pero antes quiero agregar algo al tema de la muerte. En el miedo a la muerte de un ser querido, ¿qué es lo que me da miedo? Me da miedo, seguramente, no tenerlo, no estar con él, etc. Pero ¿por qué? Quizás por todo lo que no hice con él, por todo lo que no le di, por todo lo que postergué. Qué bueno sería que yo me ocupara en verdad de ver qué cosas tengo pendientes con cada ser querido, qué cosas no estoy haciendo y quisiera hacer, y entonces deshacerme de esos miedos.

Por supuesto, nos asusta la idea de que no podríamos tolerar la vida en ausencia de ese ser querido, el hecho de no poder dimensionar como posible la idea de que el otro muera.

Sin duda, la tristeza que produce la muerte de un ser querido es el sentimiento más terrible en el que se puede pensar. No hay nada que uno pudiera diseñar como más triste. Y pensamos en nuestra propia muerte como vía de escape a tamaño dolor. Estamos tan acostumbrados a tenerle miedo a la tristeza, estamos tan educados para asustarnos del dolor que, a veces, preferimos pensar en la muerte antes que en el sufrimiento de la tristeza. Lamentablemente, o quizás no tan lamentablemente, la vida de ninguno de nosotros es eterna y por lo tanto antes o después todos vamos a abandonar a alguien o alguien nos va a abandonar a nosotros. Nos guste o no nos guste -afortunadamente, digo yo- somos finitos, tenemos un tiempo limitado.

Señor acompañado de rubia más joven: El tránato.

J. B.: ¿Perdón...?

Señor acompañado de rubia más joven: ¿No es el instinto de muerte?

J. B.: Ah... el thánatos *(Divertido)* Que leídos que han venido... Esta conciencia de finitud nos diferencia del resto de los seres vivos y es patrimonio, suponemos exclusivo, de los humanos. Cierto es que lo natural tiende al equilibrio y que la vida es desequilibrio, pero de allí a aceptar el instinto de muerte como búsqueda o deseo inconsciente hay mucha distancia. Para mí es muy difícil de aceptar. Sin embargo, el hecho de que seamos efímeros -como decía el principito de su rosa- es un hecho, y hay que aprender a vivir de frente a él, no hay otra posibilidad.

En cada uno de nosotros hay muchas cosas que dan miedo. Sin embargo, hoy sabemos que no hay demasiados miedos. Que los diferentes miedos son combinaciones entre sí de unas pocas situaciones temidas. Básicamente, diría yo, hay sólo tres miedos fundamentales, que son arcaicos, innatos, esenciales en todos nosotros.

Señora de remera rosa: *(Resuelta)* El ataque.

Mario: *(Fúnebre)* La muerte.

J. B.: La respuesta frente al ataque o peligro de afuera es arcaico y primario, pero genera susto, no necesariamente miedo, ¿recuerdan? De hecho, este ataque es el que da origen a una respuesta natural, instintiva...

Señora que estuvo en otra charla: *(Leyendo en su abultado cuaderno de apuntes)* ¡La defensa!

J. B.: ...la respuesta básica de alerta de la que hablamos al principio. Estamos preparados para esto, desde que nuestros ancestros eran animales unicelulares. Así que la respuesta al ataque no empieza como miedo, aunque te pueda asustar. Ese miedo es más sofisticado y empezará cuando yo tema el ataque antes de que éste llegue. El miedo a la muerte, que de alguna manera todos portamos, no es un miedo tuyo, es un miedo universal, pero después veremos que es una combinación de miedos.

Mario: *(Como aprendido de memoria)* Porque no sabemos lo que es estar muerto.

J. B.: *(Gira y escribe en el rotafolios)*

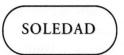

SOLEDAD

J. B.: El miedo a la soledad es uno de los miedos básicos. ¿El segundo?

Señora de lentes con cadenita: *(Dubitativa)* ¿La pérdida del amor?

J. B.: Es un matiz, una variante del miedo a la soledad.

Mujer bronceada: *(Didáctica)* El miedo a no ser querido también es una forma del miedo a quedarse solo.

J. B.: Es la misma cosa, forman parte de la misma familia. No son iguales, pero están todos inspirados en este miedo a quedarse solo. Podríamos tomar lo que vos decís pensándolo desde la idea de que si el otro me deja de amar no hay nada que yo pueda hacer. De este modo, ese miedo no es miedo a la soledad, es miedo a la impotencia, es el miedo a no poder hacer nada. *(Jorge escribe "Impotencia").* El segundo gran miedo es a la sensación de impotencia. Y el tercer miedo, que no es fácil de deducir pero es primordial para entender la conducta evitativa del neurótico, es el miedo al descontrol, el temor a perder el control.

> SOLEDAD
> IMPOTENCIA
> DESCONTROL

Chica con walkman: El descontrol también está relacionado con el ataque; en todo caso, del ataque mío hacia el otro.

Señora indignada: *(Cortante)* No.

J. B.: *(Diplomático)* A veces sí. Porque el miedo al descontrol implica cualquier descontrol, el mío y el del otro también. También el descontrol del otro me da miedo. Porque el miedo es al descontrol en general, no específicamente al mío, ni al de ella *(señalando a la Señora indignada)* sino a cualquier descontrol.

Señora de lentes con cadenita: Pero, en última instancia, si te descontrolás todo el tiempo te vas a quedar solo...

J. B.: *(Interrumpiendo)* Seguramente. Y si no te lavas nunca los dientes también, pero no es la idea.

Público en general: *(Risas).*

J. B.: Lo que yo quiero mostrar ahora es que detrás de cada miedo que siento está escondido alguno de estos tres miedos básicos, y en algunas de nuestras situaciones más temidas se combinan.

Mario: ¿Podrías dar un ejemplo de combinación de miedos?

J. B.: Sí. Voy a tratar de mostrar las cuatro combinaciones posibles. Si vos sumás la sensación de soledad más la sensación de descontrol, te vas a encontrar con el miedo a la locura. Las cosas que nosotros imaginamos en la locura son el descontrol y el abandono de todos. Si sumás la soledad y la sensación de impotencia, te vas a encontrar con la muerte. La idea que tenemos de la muerte es la combinación fantaseada de dos grandes miedos: la soledad y la impotencia. La impotencia y la pérdida de control son las asociaciones que hacemos de la vejez. Nos imaginamos viejos, sin poder y sin control ninguno del mundo y, por supuesto, nos da miedo.

Señora del fondo a la izquierda: *(Con miedo a la respuesta)* ¿Hay alguna situación que combine los tres miedos?

J. B.: Hay sólo dos situaciones que se aproximan a sumar los tres miedos básicos. Uno puede encontrarse con alguna gente aquí y allí que dice no temerle a la muerte, y a algunos de ellos les creo. Uno se encuentra de hecho con mucha gente que no le teme a la locura, a las enfermedades, a la depresión, etc. Pero no hay nadie -que yo conozca, por lo menos- que no tenga miedo si fantasea con la decrepitud, el deterioro de nuestra fuerza vital por enfermedad física o psíquica. Y es porque la idea del deterioro progresivo evoca la combinación de los tres temores: la soledad, la impotencia y el descontrol. No conozco a nadie y no creo que exista quien no tema imaginarse a sí mismo decrépito. ¿Por qué? Porque allí se combinan estos tres miedos arcaicos tan fuertes que todos tenemos.

Señora mayor muy maquillada: *(Temblando)* La decrepitud, ¿implica la soledad?

J. B.: *(Bromeando)* Imagináte quién me va a dar bola a mí, decrépito...

Público en general: *(Carcajadas).*

Señor respaldado contra la pared: *(Con risa sardónica, a la Señora mayor muy maquillada)* Si ahora no nos dan bola, imagináte decrépitos...

Señora desenfrenada: *(Terminante)* Decrépito es un tipo que no sirve para nada.

J. B.: Sumá: vejez, impotencia, falta de control absoluto de toda situación, enfermedad, deterioro, discapacitdad, sin poder para nada, sin habiliidades, sin capacidad de decidir nada sobre sí...

Señor respaldado contra la pared: *(Chistoso)* Y sin papagayo...

Público en general: *(Risas).*

J. B.: *(Se ríe con ganas)* Eso. Muy bien...Y sin papagayo.

Señora de lentes con cadenita: *(Con cierto desenfado)* La vejez no tiene por qué ser así.

J. B.: No, claro que no. Por eso la vejez puede no asustarnos. Quizás uno aprenda a vivirla sin miedo; pero la vejez con decrepitud...

Señora de lentes con cadenita: *(Defensiva)* La vejez con dignidad es otra cosa.

J. B.: Totalmente.

Señora desenfrenada: *(Casi gritando)* ¡Se puede ser decrépito sin ser viejo!

J. B.: Claro que sí. Es el caso de las enfermedades altamente discapacitantes o de deterioro progresivo, y les tememos igualmente; aunque en realidad, a la decrepitud que nosotros le tememos es a la que viene con el paso de los años. Quizás porque pensamos que la otra no nos tocará.

Magdalena: *(Chistosa)* Eso les pasa a otros...

J. B.: *(Ríe)* ¡Es verdad! *(Agrega irónico)* Y para aquella decrepitud a nosotros nos falta una barbaridad, dentro de cien o doscientos años quizás...

Público en general: *(Ríen aliviados)* Claro.... Por supuesto...

Señora que come manzana: *(En tono de chisme)* Le quiero contar una experiencia. Hace poco falleció una paisana mía, y estuvo una semana con mi mamá charlando en mi casa. Esta señora tenía un tratamiento diario; estaba bien y todo, pero tenía un problemita por el cual tenía que hacerse ver. Y esta señora le contó a mi mamá: "¿Vos sabés quién dio una conferencia en Israel?", y le dio el nombre del escritor, que tenía noventa y dos años. "Y está bárbaro -le decía-, nosotros también vamos a llegar así". Bueno, falleció al poco tiempo. ¿Qué quiero decir? Que así tengas ochenta años...

Señora mayor muy maquillada: *(A la defensiva)* Yo tengo ochenta y dos, *(señalando a su acompañante)* ella tiene noventa...

J. B.: Perdón, nadie dice acá que la vejez conlleve forzosamente decrepitud. Que quede claro. De ninguna manera. Estoy convencido de que el deterioro depende en gran medida de la calidad de la vida vivida. Déjenme que les cuente una historia.

En un pueblito de Córdoba que tenía fama de ser un lugar de aires muy puros y aguas sanadoras, corre la noticia de que viven varios viejitos que tienen más de cien años. La televisión de Buenos Aires manda un camión de exteriores a levantar una nota sobre el tema de salud y calidad de vida. Van primero a visitar a Don Zenón. Lo encuentran trepado arriba de un naranjal bajando fruta.

- Abuelo -dice el periodista-, ¿podemos charlar unos minutos?

- Sí m' hijo.

- ¿Cómo vive, abuelo?

- Bueno m' hijito, yo siempre viví en el campo. Me levanto con el sol y me acuesto cuando empieza a anochecer. Como de lo que produzco y agradezco al Señor todo lo que me da.

- ¿Y qué edad tiene, abuelo?

- Tengo 98 años.

- Qué bárbaro, abuelo. Debe ser el mayor del pueblo.

- No, ¡que va! Cuando yo era chico, el viejo Pancracio ya era peón en el campo de mi abuelo y todavía vive.

- No me diga... ¿Dónde vive?

- Aquí nomasito, bajando la pendiente.

Los periodistas agradecen y bajan el camino hasta llegar a un ranchito a las orillas del río. Sentado en la puerta del rancho tomando mate está Don Pancracio, arrugado como un pergamino pero entero y lúcido.

- Buenas y santas, Don Pancracio.

- Buenas sean -contesta el viejo.

- ¿Cómo anda, abuelo?

- No me quejo, muchacho.

- ¿Cómo ha vivido su vida?

- Ah, yo siempre he trabajado mucho. Por consejo de mi madre nunca he comido nada que no creciera de la tierra. Nunca probé un medicamento ni visité un médico. No fumo, no tomo y nunca fui muy salidor. Me gusta la vida y la disfruto.

- ¿Qué edad tiene, abuelo?
- Tengo 115 años.
- ¡115! Usted sí debe ser el más viejo de la zona...
- No sé, hace unos años se mudó cerca del pueblo un hombre que parece ser más viejo que yo todavía.
- No le puedo creer... ¿Dónde lo podemos entrevistar?
- Camino del pueblo hay una pulpería, seguramente lo encuentren ahí a esta hora. Se llama Luis.
- Gracias por el dato, abuelo.

Sorprendidos, los periodistas llegan a la pulpería. En una mesa de un rincón, casi sin poder sostenerse sobre sus huesos, un viejito arrugado y tembloroso toma de una copa un líquido que de lejos aparenta ser ginebra. Tiene los dedos amarillos de nicotina y está fumando un chala.

- Don Luis... ¿Usted es Don Luis?
- ¿Eh...? -dice el hombre que casi no ve-. Sí, yo soy.
- ¿Podemos charlar con usted un ratito?
- Si pagan las copas... -dice Don Luis.
- Pulpero, tráigale a Don Luis lo que toma siempre. Díganos, Don Luis, ¿no tiene miedo de que el alcohol le haga daño?
- No... Yo tomé toda mi vida y nunca me hizo mal.
- ¿Cómo vivió su vida, abuelo?
- Ahh... Yo la pasé fenómeno. Tomé de todo, fumé de todo y comí de todo. Nunca en la vida trabajé y jamás me acosté antes de las cinco de la mañana....
- No me diga...
- Y claro, pibito. Los cabarets de la ciudad se ponen lindos a esa hora, y si uno quiere acostarse con las más lindas tiene que esperar que se hayan hecho el día con los que pagan.
- Qué bárbaro. ¿Y a qué hora se levanta, abuelo?
- Dos o tres de la tarde, si no hay carreras...

- También le gusta el juego.
- ¡¡¡¡Ppfffff !!!!
- La verdad, abuelo, usted es lo mejor que nos ha pasado en el día de hoy. ¿Qué edad tiene, abuelo?
- ¡34!

Público en general: *(Carcajadas).*

J.B.: Buscar la calidad de vida es de algún modo lo que todos estamos haciendo. Es decir, yo creo que todos estamos procurando con el paso del tiempo tener mejor vida. La medicina se está ocupando de esto, cada uno de nosotros se está ocupando de esto, la sociedad en general trabaja o sería bueno que lo hiciese para mejorar las condiciones de vida de los seres humanos.

Cuando yo estudiaba medicina, muchas de las materias tenían que ver con la biología. Y en biología se aprende que en todos los seres vivos -no sólo los seres humanos- hay una regla que es inalterable: un ser vivo, o está creciendo y desarrollándose, o está decreciendo, esto es, envejeciendo. En definitiva, todos los seres vivos están evolucionando o involucionando, creciendo o envejeciendo. No hay otra posibilidad. Cuando se detiene el crecimiento empieza el envejecimiento. En todos los seres vivos pasa lo mismo y en el ser humano obviamente también. Sin embargo, no ocurre lo mismo con nuestro intelecto. ¿Por qué? Porque allí no hay límite. En lo físico, nosotros tenemos un límite de crecimiento; aproximadamente a los veinticinco años dejamos de crecer y nuestro cuerpo empieza a envejecer. Nos demos cuenta en ese momento o lo percibamos más adelante, en algún momento lo empezamos a notar. Pero en nuestra cabeza no, nuestra mente no tiene un límite de crecimiento.

Señora indignada: *(Gesticulando)* ¡¿Cómo que no tiene un límite?!

J. B.: Nosotros podemos crecer a nivel psicológico, a nivel espiritual, a nivel psíquico, indefinidamente. No hay ningún límite.

Señora desenfrenada: Hay gente que se va deteriorando.

J. B.: Lo que se puede deteriorar es tu capacidad neuronal de materia gris. Es decir, puede ser que haya neuronas que dejen de trabajar. Salvo este problema, tu capacidad psíquica puede seguir creciendo. Si vos me hablás de enfermedades como la demencia, por ejemplo, o de un proceso de Alzheimer...

Señora indignada: Yo conozco el caso de un muchacho que empezó a deteriorarse "irreversiblemente" y tenía 22 años.

J. B.: Si te referís a un proceso patológico orgánico, lo puedo entender, todos podemos entender esos casos. Pero yo no me refiero a eso.

Me divierte cuando quienes me escuchan encuentran los ejemplos rebuscados para tratar de demostrar que estoy equivocado. Vez pasada yo ponía un ejemplo de lo diferente que era ser una hormiga o ser un elefante. Y alguien dijo: "En algunos casos se parecen, por ejemplo puede ser.. en que no puedan subir a los árboles". Una persona del público dijo: "La hormiga sí puede". Y el otro contestó: "Pero.. ¿y si le faltan las patas?..." Me encanta.

Público en general: *(Risas).*

J. B.: Entre nosotros, yo creo que no envejecer depende de uno. Mientras nos demos cuenta de que la clave está en seguir creciendo, no hay envejecimiento. Cuando alguien piensa: "Bueno, basta, está bien con esto y ya está; no me importa crecer más, para qué quiero saber más, para qué quiero escuchar más", perdió. Ahí empezó el verdadero proceso de envejecimiento. Cuando dejás de crecer empieza el envejecimiento. La llave de la juventud es el crecimiento, seguir creciendo eternamente; buscar nuevas cosas, investigar, tener proyectos, planes, deseos. Por eso, si vos *(Señora indignada)* me das este ejemplo del chico de 22, yo te digo: claro que puede pasar, pero hablo para nosotros hoy, hablo para los que podemos elegir, hablo para los que elegimos seguir creciendo y tuvimos la fortuna de no padecer de ninguna patología seria que nos lo impida.

Mario: Yo te pongo el ejemplo de Picasso, quien a los ochenta años pintaba como un pibe de veinte. Ahí vos ves que el tipo no estaba envejeciendo, seguía investigando y haciendo cosas nuevas, de lo contrario, su pintura habría decrecido.

Señora que se abanica con el diario: *(Con aires de artista)* En general, eso sucede con todos los que están en la creación.

J. B.: *(Levantando las manos)* Esperen. Esta búsqueda de crecimiento no tiene que estar únicamente relacionada con uno mismo, porque el crecimiento se halla en el crecimiento mío, en lo que el otro hace para crecer y, además, en el crecimiento que puedo transmitir a otros que pueden aprender. Fíjense que dando también se puede crecer, no sólo recibiendo. El hecho de poder transmitir las pocas cosas que uno ha aprendido, también tiene que ver con el crecimiento.

Hay un cuento que grafica muy bien esto.

Había una vez, hace cientos de años, en una ciudad de Oriente, un hombre que una noche caminaba por las oscuras calles llevando una lámpara de aceite encendida. La ciudad era muy oscura en las noches sin luna como aquella. En determinado momento, se encuentra con un amigo. El amigo lo mira y de pronto lo reconoce. Se da cuenta de que es Guno, el ciego del pueblo. Entonces le dice:

- ¿Qué hacés Guno, vos ciego, con una lámpara en la mano? Si vos no ves...

Entonces, el ciego le responde:

- Yo no llevo la lámpara para ver mi camino. Yo conozco la oscuridad de las calles de memoria. Llevo la luz para que otros encuentren su camino cuando me vean a mí.

No sólo es importante la luz que me sirve a mí, sino también la que yo uso para que otros puedan también servirse de ella. Cada uno de nosotros puede alumbrar el camino para uno y para que sea visto por otros, aunque uno aparentemente no lo necesite.

Señora desenfrenada: *(Nerviosa)* Yo no puedo llevar permanentemente la luz, algo tengo que hacer para que esa luz sirva para los demás. No sólo por mi pasado es que sirve, sino también por un presente digno. *(Enfática)* Yo creo que hay que dejar de mirar únicamente el pasado. Lo que hay que hacer es mirar también el hoy y proyectarse.

Público en general: *(Silencio sostenido)*.

J. B.: *(A la Señora desenfrenada)* No entiendo lo que planteás.

Señora desenfrenada: *(Enojada)* No importa.

J. B.: *(A la Señora desenfrenada, sin agresividad)* Para que la luz mía pueda servirle a otros tengo que creerme que puede ser importante. Si no, no sirve.

Señora de remera rosa: Creo haber entendido lo que vos decís: no sólo vivir creciendo, sino haciendo crecer a otros...

J. B.: *(Corrigiendo a la Señora de remera rosa)* Ayudando.

Señora de remera rosa: ...Ayudando a crecer a otros. Pero no puedo ayudar a crecer a otros si yo no sigo creciendo. Si yo me estanco, no puedo...

J. B.: *(Paternal)* Si vos estás ayudando a crecer a otros, entonces estás creciendo.

Señora de remera rosa: *(Como comprendiendo)* Eso es cierto en la medida que yo me realimento con el crecimiento de los otros.

J. B.: *(Soltando)* No sé, quizás sea como vos decís, pero me inquieta dejarlo donde vos lo planteás y que alguien crea que el realimento proviene de la pobre satisfacción de la vanidad por el crecimiento de otro.

Lo que a mí me pasa, más bien, es que la sola sensación de ser el privilegiado portador de alguna luz, aunque sea pequeña y poco luminosa, me empuja a saber cada vez más de mí. Decididamente para mí, el crecimiento sucede siempre.

Señor del fondo a la derecha: Si me permiten... Yo soy docente y estoy jubilado. Eso que dice el Dr. es verdad. Yo me doy cuenta de todo lo que yo aprendía cuando enseñaba. *(El señor se ríe de su propio juego de palabras.)*

J. B.: *(Sonriendo)* ¡¡Muy bien!! ¡¡Esa es la idea!! Si me dejás, voy a robarte esa frase y usarla en otras charlas: Todo lo que se aprende enseñando. ¿Puedo?

Señor del fondo a la derecha: Claro.

J. B.: *(Complacido)* Gracias.

Señor del fondo a la derecha: De paso, Ud. dijo que había dos situaciones en las que se combinaban los tres miedos y nombró sólo una: la decrepitud. ¿Cuál es la otra?

J. B.: A los maestros no se les escapa nada... La otra, querido amigo, es el exilio. Cuando en la antigüedad la pena de muerte era poco para condenar a un criminal, entonces se lo desterraba. El destierro era peor castigo que la muerte. Digo esto y pienso en todos nosotros, hijos o nietos de inmigrantes... Qué coraje ¿no?

(Jorge mira el reloj. Han pasado dos horas desde que comenzó

la charla..) Confieso que he mentido. Dije que iba a hablar de todos los diferentes miedos y de tantas otras cosas... No llego, lo siento. Sólo dos o tres cosas más para que piensen e investiguen:

Primera: El ataque de pánico no es una enfermedad del miedo, es una enfermedad de la ansiedad. La confusión está generada por un problema de traducción. El pánico es el ataque de ansiedad aguda y en general no tiene que ver con el miedo. En todo caso tiene que ver con el susto del paciente cuando se da cuenta de lo que siente y de los pensamientos catatróficos que no puede evitar. La buena noticia para el 30 % de la población civil urbana que padece de esta patología es que es una de las pocas enfermedades que se cura siempre. ¿Qué quiere decir siempre? Siempre quiere decir que más allá de que haya que encontrar el camino de salida de cada paciente, si éste es consecuente, ciento porciento de las veces el problema se resuelve.

Público en general: *(Varias manos se levantan para hacer preguntas).*

J.B.: Lo siento. No puedo. Si después de la charla alguien necesita que le conteste, por favor, acérquense que yo me quedaré un rato más. Ahora sigo.

Segunda cosa: El único antídoto universal contra el miedo es la acción y por lo tanto, cada vez que tengo un miedo, debo saber que tengo que actuar; buscar la acción es lo que me puede sacar del miedo. Recuerden, siempre que hay miedo hay algo que no estoy haciendo, algo que no me estoy animando a hacer, algo que no estoy queriendo saber o no estoy pudiendo decidir. Muchas veces, el miedo encubre tanto la acción que uno siente que no puede actuar. El psicoanálisis demuestra que detrás de algunos miedos hay otros miedos.

Como en las fobias. Un desplazamiento del verdadero temor que condiciona una conducta evitativa. Por poner un ejemplo burdo, alguien siente que le tiene miedo a los caballos pero, en realidad, desde el punto de vista dinámico ese miedo encubre el primitivo miedo generado por la imagen de su padre. En este caso, la acción no debería ser iniciada hacia los caballos, sino en relación al padre. Quiero decir, sepan que en algunos casos transformar el miedo en acción es un proceso más complejo, pero siempre vale la pena. Al miedo se lo vence de frente.

Tercera y última: Ante los miedos, muchas veces la gente intenta buscar en el afuera algo o alguien que le dé coraje. Esto se denomina en la jerga psi "el acompañante contrafóbico". Es creer que uno no puede hacer determinada cosa pero sentir que, por ejemplo, si está con Menganito, con él sí puede hacerlo. Se trata de otra herramienta para vencer el miedo. Si bien es absolutamente cierto que esta herramienta puede y debe ser utilizada en determinadas circunstancias, es importante trabajar con uno mismo para conseguir ser mi mejor acompañante contrafóbico.

Y ya que estoy aquí, me voy a despedir con un cuento.

Había una vez una madre que tenía un único hijo. Ella era tan temerosa que vivía angustiada pensando que no podría seguir viviendo si a su hijito le pasara algo. Tan asustada estaba de sus fantasías que un día que el hijo salió a la puerta de calle solo la madre lo llamó adentro, lo sentó en los sillones de la pieza principal de la casa y le dijo:

- Mira hijo, en la calle vagan unos espíritus malignos que se llevan a los niños que están sin su mamá. Así que nunca, nunca salgas a la calle sin mí. ¿Entendiste?

- Sí mami -contestó el chico asustado.

El plan resultó y el chico nunca más salió a la calle sin su madre. Pero un día, cuando el chico cumplió trece años, la madre empezó a pensar que se había equivocado. Algún día ella no estaría y su hijo tenía que poder manejarse en el mundo exterior. La madre fue a ver al médico de la familia para preguntarle qué hacer. El médico dijo que sólo había una solución: Decirle al joven la verdad. La madre le dijo que eso equivaldría a admitir frente al hijo que su propia madre le había mentido. El médico insistió en que era el único camino y la madre se retiró a su casa. De camino tuvo otra idea. Llegó y se sentó otra vez en los sillones a hablar con el muchacho.

- Sabes hijo, tú eres grande y sabes que alguna vez te irás de esta casa en busca de tu camino.

- No madre. Me iré si vienes conmigo. Te recuerdo que afuera están los espíritus malignos que me llevarían si no estuviera contigo.

- De eso te quería hablar. Los espíritus jamás te llevarán mientras lleves en tu cuello esta medallita que ahora te regalo -dijo la madre quitándose la medalla que colgaba de su cuello y poniéndosela a su hijo-. A partir de aquí quiero que sepas que podrás salir sin mí porque mi protección te llegará a través de mi medalla.

- Pero mami, ¿y si los espíritus no ven que tengo la medalla?

- No te preocupes. Tu madre nunca te mentiría. Tienes que confiar en lo que te digo: Mientras tengas la medallita, ningún espíritu se acercará a hacerte daño. ¿Entiendes?

- Sí mamá...

El joven creyó en su mamá.

Pero de todas maneras, cuando su mamá ya no estuvo para acompañarlo, el muchacho nunca salió de su casa porque siempre tuvo miedo de perder la medallita....

Creo que me gustaría terminar con una frase maravillosa de Susan Jeffers:

SI TIENE MIEDO HÁGALO IGUAL.

Gracias...
(Aplausos)

de la autoestima al
egoísmo
miedos culpa

CULPA

PARTICIPANTES

Joven emocionado
Señora de labios pintados de rojo (Celia)
Señora joven de camisa blanca (Clara)
Joven con pinta de recién casado
Señora expresiva
Señor gordito
Señor serio (Nato)
Señora peinada como mi mamá
Chica de voz afectada
Madre que estudia psicología
Señor mayor
Señor de aspecto profesional
Señora que llegó tarde
Señor de anteojos (Armando)
Señor de manga corta
Señora rubia
Señor de saco marrón
Señora del fondo
Señora de medias rojas
Señora con voz de locutora de talk show
Señora de primera fila
Señor de saco negro
Señora de uñas postizas
Abuela con nieto al lado
Señor gordo del medio del salón

Día de lluvia. Sala de conferencias de una institución de la comunidad judía en Buenos Aires. Son aproximadamente las ocho de la noche. Sentados en unas doscientas sillas de madera distribuidas simétricamente en el salón, los asistentes describen un semicírculo ante el rotafolios donde Jorge Bucay escribirá los símbolos de sus ardientes polémicas.

Los espectadores cambian ideas, están visiblemente entusiasmados. Jorge, enfundado en una campera azul, conversa animadamente con Perla, su esposa. De vez en cuando cruza la mirada con alguien del público e intercambia con ellos sonrisas y gestos afectivos.

Ocho y media: Un largo momento de silencio. Se encienden las luces del improvisado proscenio y muchos aplauden y vitorean el comienzo de la charla.

Jorge toma un marcador y juega con él...

Los aplausos se van apagando gradualmente.

J. B.: Siempre digo que empezar a hablar sobre un tema tan vinculado a la psicología requiere, por lo menos, una pequeña aproximación a una definición de la misma. Por eso, antes de llegar al concepto de culpa, vamos a detenernos brevemente en el significado de esta palabra: **psicología** (según dicen, una de las diez palabras más usadas en este siglo).

La psicología es la ciencia que estudia la conducta, definiendo como conducta toda forma en que un ser vivo responde frente a un estímulo determinado.

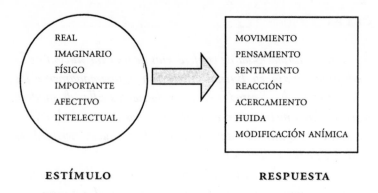

ESTÍMULO   RESPUESTA

Repito: <u>Cualquier</u> tipo de respuesta que alguien tenga frente a un estímulo <u>es</u> una conducta, ya sea una acción, un pensamiento, una emoción, una modificación del medio ambiente, de su interior, etc. Y son esas diferentes respuestas las que constituyen el objeto de estudio de la psicología; no sólo con el fin de predecirlas, sino también con el de explicarlas, desarrollarlas y, de una manera más o menos ficticia, ser capaz de reproducirlas para ver qué hay detrás de cada una de ellas.

Algunas conductas son lineales. Me refiero a emociones y sentimientos cuyo desarrollo se puede seguir paso a paso, fácilmente. Por ejemplo: Un auto casi me pisa al cruzar la calle, yo levanto el puño e insulto al chofer; o un bebé me sonríe desde los brazos de la madre, me enternezco y le hago "cuchi cuchi". Existe en estas respuestas cierta línea directriz que se puede comprender utilizando la lógica formal (aunque no justifique el insulto o me parezca estúpido el "cuchi...cuchi"). Pero hay otras conductas mucho más complejas; tanto que cuando uno las investiga, a poco de revisarlas y estudiarlas se encuentra con algo raro, algo que no funciona, algo -a veces- irracional.

Una de estas emociones complejas, que exceden el análisis lineal, es el sentimiento de culpa, del cual vamos a hablar hoy.

La culpa es una emoción globalizada, como se diría ahora, y todos sabemos un poco más o un poco menos de qué se trata... *(Jorge hace una pausa, mira con complicidad al auditorio e ironiza)* ...a través de amigos y conocidos, a través de gente que se sintió culpable alguna vez y cuenta... porque nosotros nunca, pero hay otros...

Público en general: *(Risas).*

J. B.: *(Abandonando la ironía)* Todos sabemos por experiencia propia cómo es sentirse culpable. Algunos más, otros menos, todos tenemos el registro interno de esa emoción. La pregunta por la que quiero empezar es: ¿Qué significa sentirse culpable?

Público en general: *(Silencio).*

J. B.: La definición que cada uno pueda aportar, sirve. Ayúdenme a que esto no sea sólo una disertación, sino una charla, que es lo que es.

En otras palabras: ¿Qué es el sentimiento de culpa?

(Jorge irá anotando en el rotafolios cada intervención.)

Joven emocionado: Es un sentimiento.

Señora de labios pintados de rojo: Un gran malestar.

J. B.: La sensación de culpa es un sentimiento, muy bien. Un malestar, bravo. Esto es, tenemos ya dos aportes claros que nos acotan la definición: entre los sentimientos placenteros y los displacenteros, la culpa pertenece a los displacenteros. ¿Estamos de acuerdo con esto?

Público en general: *(Con voces débiles)* Sí... Sí...

J. B.: Sí, un sentimiento displacentero. Pero ¿Qué más nos pasa con la culpa?

Señora de labios pintados de rojo: Demuestra que uno no es tan "omni".

J. B.: ¿No es tan qué?

Señora de labios pintados de rojo: No es tan omnipotente como le gustaría ser, no es tan perfecto, que a veces mete la pata. Sentir culpa es reconocer lo contrario.

J. B.: ¿Cuál es tu nombre?

Señora de labios pintados de rojo: Celia.

J. B.: Dice Celia que la culpa es darse cuenta de que uno no es omnipotente, que uno comete errores. Entonces yo pregunto: ¿Cada vez que uno se da cuenta de que cometió un error se siente culpable? ¿Siempre que uno se equivoca se siente culpable?

Público en general: *(Con reprobación)* ¡No!

Señora joven de camisa blanca: A veces uno se siente mal frente a la diferencia con los demás. Es decir, cuando uno está muchas veces bien, se siente mal ante el que está mal.

J. B.: Verdad, y si esa es tu respuesta a la pregunta, ahí habría culpa y no habría error.

Señora joven de camisa blanca: Sin embargo, podés tener en esos casos la sensación de culpa y sentirte muy mal.

J. B.: Retomando lo que ustedes están diciendo, hay aparentemente más de una situación en las que uno se siente culpable; no siempre ante una connotación de la omnipotencia. Probablemente, lo que vos decís, Celia, sea verdad, aunque seguramente no sea toda la verdad. Uno puede sentirse culpable cuando sabe que cometió un error, pero también parece que uno puede sentir culpa en situaciones como la que relata ella... Perdón, ¿cuál es tu nombre?

Señora joven de camisa blanca: Clara.

J. B.: ...en situaciones como la que relata Clara.

Joven con pinta de recién casado: El sentimiento de culpa puede estar asociado a una actitud de protección de uno, que podríamos llamar egoísta.

Señora expresiva: *(Visiblemente exaltada)* No, al revés. Yo pienso que es al revés. Porque es difícil pensar en una actitud egoísta cuando es un daño lo que me hago. "¿Por qué lo habré hecho? ¡Debería haber hecho lo otro!...", *(con aires de profesora)* este es el comienzo de la culpa.

Joven con pinta de recién casado: Depende. Cuando vos lo empezás a analizar, te podés haber sentido culpable para protegerte, también.

J. B.: ¿Cómo sería? ¿Podrías dar un ejemplo de cómo la culpa puede servirte como protección?

Joven con pinta de recién casado: Podría ser un día que yo tuviera que asumir algún compromiso y estuviera muy cansado, tan cansado que si asumiera ese compromiso hasta podría tener un perjuicio físico.

J. B.: Por ejemplo, tengo que ir a la casa de mi suegra...

Señor gordito: *(Ríe a carcajadas).*

Joven con pinta de recién casado: No, no, no.

J. B.: *(Al joven con pinta de recién casado)* Vos calláte. *(Al público en general)* ...Tengo que ir a la casa de mi suegra y de repente, cuando pienso en mi suegra, me doy cuenta de que estoy muy cansado.

Joven con pinta de recién casado: *(Interrumpiendo)* ¡No, no! Pobre mi suegra. No me molesta ir a lo de mi suegra...

J. B.: Bueno, te presto la mía, vas a ver cómo pronto no vas a querer ir más.

Público en general: *(Risas).*

J. B.: *(Retoma)* Vamos a suponer que esta historia es así. Tenés que ir a un lugar, estás cansado y no tenés ganas.

Joven con pinta de recién casado: Uno se puede sentir algo culpable pero, por otro lado, puede decir: "Bueno, si voy... me muero, yo no puedo ir". ¿No es, en parte, un sentimiento de culpa?

J. B.: "No voy" no es un sentimiento de culpa. Por supuesto que te podés sentir culpable, pero ¿de qué te protege esa culpa?

Joven con pinta de recién casado: ¿En qué me protege? No entiendo, perdón.

J. B.: Claro, vos decías que la culpa podía ser un sentimiento de autoprotección.

Joven con pinta de recién casado: No, no, no. En principio puedo sentir culpa. Pero analizándolo, en realidad, me estoy defendiendo de la culpa diciendo que estoy muy cansado.

J. B.: Ah, el cansancio te sirve para justificarte frente a la culpa. Eso es otra cosa. La culpa la sentís, pero...

Señor serio: Yo no creo que exista la culpa. Existe la responsabilidad.

J. B.: ¿Cómo te llamás?

Señor serio: Nato.

J. B.: Nato dice que la culpa no existe.

Celia: *(Preocupada)* ¿¿Cómo que no existe??

Señora peinada como mi mamá: *(Decidida)* Sí que existe.

J. B.: *(A Nato)* Pero esto que sentimos los que sentimos culpa, ¿qué es?

Nato: *(Monocorde)* Yo creo que es responsabilidad.

J. B.: ¿Cómo es esto? Supongamos que yo tengo que hacer algo, a veces decido -responsablemente- no hacerlo y, sin embargo, me siento culpable.

Nato: *(Imperturbable)* Ellos lo ven de esa manera, yo no lo veo así.

Señora expresiva: Vos, por ejemplo, tenés una mamá grande que no puede vivir sola y, por un problema de personal doméstico, la dejás en un geriátrico.

Nato: *(Sentencioso)* Es el destino.

Señora expresiva: *(Desesperada)* ¿El destino de quién? ¡Te agarra una angustia terrible!

Nato: Angustia te puede agarrar, pero no es culpa.

Público en general: *(Superposición de voces).*

Chica de voz afectada: Nato, escuchá este ejemplo. Yo soy muy amiga tuya. Te llamo un día y te digo: "Nato, estoy muy mal, necesito hablar con vos". Vos me contestás: " Bueno, nos encontramos en El Imperio a las cinco de la tarde, tomamos un café y charlamos". Yo llego a las cinco de la tarde, espero hasta las seis, las siete, las ocho, me canso y me voy. Vos no pudiste llegar. No podías avisarme porque yo estaba adentro de la confitería. ¿No sentís culpa?

Nato: *(Uniforme, insistente, sin variaciones)* No siento culpa. No, porque eso no me pasa.

Señora expresiva: *(Moviendo las manos)* Yo creo que habría que pensarlo de otra manera. Cómo se puede manifestar la culpa. A lo mejor, si uno lo piensa desde cómo se siente la culpa, es más fácil entenderlo.

J. B.: Me parece muy interesante que anotemos por aquí que hay una persona, por lo menos, que cree -vamos a tomarlo como una hipótesis de trabajo- que quizá la culpa no exista. Aunque sospecho que lo que Nato sostiene, en realidad, es que él no siente culpa. Se puede angustiar, puede sentir otras cosas, pero culpa, no.

Madre que estudia psicología: Yo creo que lo que pasa es que en el caso de él *(mira a Nato y su voz se vuelve comprensiva)* la culpa se manifiesta a través de la angustia.

J. B.: Antes de seguir con el tema me parece importante desviarme para no perderme la oportunidad de señalar una de

las causas de sufrimiento y de desencuentro más común entre las personas: La dificultad para aceptar que mi idea puede no ser la Verdad. Es necesario darse cuenta de esto. Por ejemplo, Nato no siente culpa y entonces no dice: "Yo no siento culpa", dice: "La culpa no existe, existe la responsabilidad" ("...que yo sí siento", habría que agregar). Y la Señora *(Madre que estudia psicología)* no dice: "Yo sí siento culpa y cuando la siento es parecida a la angustia", sino que dice: "Lo que él siente es culpa manifestada en forma de angustia".
Público en general: *(Risas nerviosas).*
J. B.: Es imprescindible que seamos capaces de aprender a contemplar la postura del otro con cierta aceptación de nuestras diferencias. Voy a contarles un cuento que no tiene que ver con la culpa, sino con esto último:

Un monje Zen camina con un discípulo por la orilla de un pequeño río. En un momento el maestro señala:
- Mira los peces en el agua. Fíjate como disfrutan relajados de la libertad y de la frescura del agua.
Hacía mucho que el discípulo estaba al lado del maestro, y por primera vez se animó a señalarle un error.
- Maestro -le dijo-, tú no eres pez, ¿cómo puedes saber si disfrutan o si están relajados?
El maestro lo mira y le dice:
- Tú no eres Yo, ¿cómo puedes saber si yo sé o no sé si los peces disfrutan?

Público en general: *(Gestos de aprobación).*
J. B.: Volvamos al tema de la culpa. Fíjense que hay una cosa en común en todos los ejemplos que se dieron: el del que no va a la casa de la suegra, el que se equivocó frente a otro, el que se sintió bien cuando otro se sentía mal, el de su ma-

má internada en un geriátrico, el que dejó plantada a una amiga en una confitería, etc. En todas estos ejemplos de culpa, siempre hay un otro ante el cual alguien se siente culpable. Es verdad que hay algunas culpas internas y personales, como ya vamos a ver después. Pero, por lo general, las culpas involucran a otro.

Madre que estudia psicología: *(Arrogante)* ¿Son dirigidas o detonadas?

J. B.: *(Como cansado)* Detonadas, dirigidas, inspiradas, producidas... pero debe haber otro frente a quien sentirse culpable.

Madre que estudia psicología: Pero la culpa es un sentimiento personal.

J. B.: Seguro...

Señor mayor: *(Humilde)* Uno, ¿se puede sentir culpable con uno mismo?

J. B.: Ya vamos a ver que sí, pero prefiero que me acompañen en la definición clásica antes de ver las diferentes formas que puede tomar.

Señor de aspecto profesional: *(Con voz grave)* Me parece que las dos ideas, que parecían contrapuestas, son consecuencia una de otra. El sentimiento de culpa comienza cuando falla el mecanismo inconsciente de descarga en un tercero.

Público en general: *(Desconcertados)* ¿¿Cómo??

J. B.: *(Respetuoso, didáctico)* ¿Qué sería el mecanismo inconsciente de descarga en un tercero?

Señor de aspecto profesional: *(Se para y lo explica para todos)* Inconscientemente, uno trata de que las culpas no sean de uno, sino de otro. Cuando ese mecanismo falla, nos empezamos a sentir mal porque nos damos cuenta de que la culpa sí es nuestra *(se sienta)*.

J. B.: Respecto de los mecanismos inconscientes no sé, quizá tengas razón; pero me parece que vamos a tener que empezar por hacer una pequeña discriminación teórica. Y para esto, en primer lugar, quiero hacer cierta aclaración sobre el tema que trae Nato, que es el de la culpa y la responsabilidad. Estos dos conceptos pueden ser parecidos en algunos puntos, pero hay una sutil diferencia entre ambos. ¿Hay algún abogado hoy acá?

Público en general: *(Silencio).*

J. B.: ¿No? Qué suerte, así puedo equivocarme impunemente, puedo delirar sin que nadie me acuse. En términos jurídicos, hay una diferencia entre lo que es culpa y lo que es dolo. Culpable es aquel que comete un delito que perjudica a otro. El dolo aparece cuando el acto es intencional. Es decir, cuando quise perjudicarte y lo hice cometiendo un ilícito, la figura legal no es sólo la culpa, sino el dolo, que por supuesto es un agravante de la responsabilidad legal.

En psicología, estos términos no son equivalentes. Para mí sos culpable de algo cuando, habiendo podido evitar un daño, no lo evitás y el daño se produce de todas formas. En todos los otros casos serás responsable, como bien decía Nato, pero <u>no</u> culpable.

Señora que llegó tarde: Pero a veces no hiciste nada, y también te sentís culpable.

J. B.: Ya llegaremos a ese caso. Entonces, para nosotros, la <u>responsabilidad</u> sobre nuestros actos no incluye la discusión sobre si pude o no evitarlo. Por ejemplo: Paso cerca de Celia y la piso. Si yo la pisara a sabiendas, con fuerza, a propósito, sería sin duda ninguna culpable de haberla pisado. Pero si yo la pisara sin querer, porque alguien me distrajo en ese momento, o porque me venía cayendo, no sería ya culpable del pisotón, aunque seguiría siendo responsable de haberla pisado.

La culpa es un concepto mayor que el de responsabilidad, por lo menos en términos culturales. Ese plus que tiene la culpa radica en la idea de que uno podría haber hecho otra cosa y, sin embargo, hizo justamente eso que, agrego, involucra a alguien. Si no pude evitarlo, entonces no hay culpa, aunque se mantenga intacta la responsabilidad.

(*Jorge da vuelta una hoja en el rotafolios*) En un esquema simplificado sería así:

Muy bien. Estoy yo, está mi actitud y está el otro. Pero para que haya culpa algo tiene que suceder con ese otro. ¿Qué le pasó al otro a partir de lo que yo hice?

Señor de anteojos: El otro se embromó, se jodió.

J. B.: Claro, algo doloroso pasó con el otro. Acá comenzamos a tener en claro por qué tiene que haber más de una persona. En este primer esquema, alguien tiene que salir dañado de todo esto. Y entonces yo veo a ese otro dañado por mí, siento que podría haberlo evitado, y... ¿qué hago conmigo?

Señora peinada como mi mamá: Me siento culpable.

J. B.: Sí, claro, pero pregunto: ¿Qué hago conmigo por saberme culpable del dolor del prójimo?

Público en general: (*Voces superpuestas*) Me enojo... Me responsabilizo... Me hago daño a mí mismo... Me juzgo y me condeno... Me acuso...

J. B.: (*Interrumpe cuando escucha "me acuso"*) ¡Eso! ¡Muy bien! Me acuso, me juzgo y me encuentro culpable de haber dañado a otro.

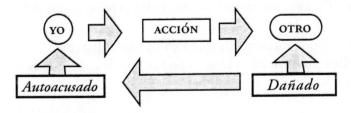

La culpa es este sentimiento displacentero de autoacusación, el dedo con el que me apunto porque hay otro que padece a partir de algo que yo estoy haciendo, hice o dejé de hacer.

Señor de anteojos: Pero puede existir la sensación tuya sin que el otro sienta que lo estás dañando.

J. B.: ¡Muy bien! Para poder avanzar en esa dirección, detengámonos una vez más en lo que tenemos hasta ahora. Alguien es dañado por una actitud cuya responsabilidad me corresponde. Yo me entero de esta situación y, en consecuencia, mi actitud interna es acusarme y condenarme, sentirme culpable; es decir, sentir el displacer de que otro sufra a partir de un accionar mío equivocado, desacertado o inadecuado. Pero... *(Al señor de anteojos)* ¿Cómo es tu nombre?

Señor de anteojos: Armando.

J. B.: ...Pero Armando dice que puede ocurrir que el otro no sienta el daño. Entonces aparece una pregunta independiente de nuestro esquema: ¿Cómo sé yo que el otro sufre?

Armando: Te lo dice, te acusa, se queja.

J. B.: Bien, a veces el otro me dice: "Che, con esto que hiciste me hiciste mal". Pero a veces puede suceder que el otro no me diga nada.

Señor de aspecto profesional: *(Audaz)* No lo registró, no me lo expresó, lo reprime.

J.B.: Bueno. Pero, ¿cómo puede ser que yo me sienta culpable cuando el otro no me dijo nada? Recuerden que en este esquema hace falta un daño para que me acuse.

Clara: Cuando me identifico con el otro percibo lo que debe estar sintiendo.

J. B.: ¿Todos entienden lo que significa identificación?

Público en general: *(Voces superpuestas)* Sí... Sí... Más o menos...

J. B.: A grandes rasgos, identificarse es sentir que el otro y yo somos idénticos; es lo que vulgarmente llamamos "ponerse en el lugar del otro" .

Señor mayor: *(Frunciendo el ceño)* Pero... ¿somos idénticos?

J. B.: No, no. No es que seamos idénticos. Digo que de ahí viene la palabra. Identificarme con alguien es imaginarme qué debe estar sintiendo el otro a partir de lo que yo, en su lugar, sentiría.

Señor de manga corta: *(Candoroso)* Yo hago muchas veces ese ejercicio, de ponerme en el lugar del otro.

J. B.: Todas las culturas, las grandes religiones y la mayoría de las enseñanzas morales de la historia, tienen como base fundamental el lema: "No le hagas a otro lo que no te gusta que te hagan a ti".

Celia: O "Amarás a tu prójimo como a ti mismo".

J. B.: Amarás a tu prójimo <u>como</u> a ti mismo, pero no <u>más</u> que a ti mismo.

Público en general: *(Risas y comentarios de aprobación)*.

J. B.: Volviendo al tema de la culpa, decíamos que hay veces en las que yo no sé lo que le pasa al otro, pero lo cierto es que no <u>necesito</u> saberlo. Simplemente, me basta con identificarme con el lugar del otro y pensar qué sentiría yo si me hicieran eso.

Chica de voz afectada: O qué sentiría yo si él me hiciera eso.

J. B.: Para que todos lo entiendan, todo sucede como si yo me saliera de mí y me pusiera a observar desde afuera mi propia actitud, supuestamente dañosa para el otro. Y aun cuando yo crea que él jamás me lo haría, aun cuando yo piense que el otro jamás se daría cuenta de que fui yo, aunque para el otro no fuera dañina mi actitud, al ponerme en su lugar, al identificarme con su dolor, sigue apareciendo la culpa.

Vemos entonces cómo el concepto de culpa se empieza a

complejizar. Un sentimiento que me ocasiono frente a un sufrimiento que en realidad yo imagino que el otro tiene, o bien, que yo sentiría si estuviera en esa situación.

Por lo tanto, ese malestar del otro puede ser, y a veces lo es, un hecho puramente imaginario. Por eso, la culpa no es siempre el resultado de algo que el otro realmente dice; nos sentimos culpables bastante antes de que el otro nos diga: "me hiciste mal". ¿Está claro hasta aquí?

Público en general: Sí...

J. B.: Pues bien. Vamos a complicarlo. ¿Me identifico con su sufrimiento, con su padecer, con su dolor... y nada más? Porque resulta que puedo ver a alguien que sufre y no sentirme culpable.

Señora expresiva: ¡Por supuesto! El que cerraba las puertas de las cámaras de gas supongo que no se sintió culpable.

J. B.: *(Terminante)* Eso es otra cosa. Lo que yo digo es que puedo ver a otro que sufre, puedo sentir pena de que ese otro sufra y no necesariamente voy a sentirme culpable. Ejemplo: Si abro el diario y veo los chicos de Yugoslavia, yo voy a sentir una pena terrible; veo los chicos con un número en la frente y me siento muy mal, pero no sé si me siento culpable.

Señor de manga corta: Porque vos no provocaste esa situación, pero... ¿y cuando la provocás?

J. B.: Cuando la provocás sucede algo, muy interesante por cierto: sos responsable...

Joven emocionado: ...O cuando creés que la provocás.

J. B.: Cuando vos la provocás o creés que la provocás... te sentís responsable, muy bien. ¿Y qué sucede entonces? ¿Qué es lo que hace que yo me sienta culpable? ¿Con qué aspecto del otro me identifico más? ¿Qué es lo que uno piensa que está sintiendo el otro?

Armando: Que vos tenés la culpa de lo que le pasa...

J. B.: Muy bien. Para que mi sensación de responsabilidad se transforme en culpa no es suficiente ni imprescindible que haya una acción mía que dañe a otro; debe haber además una supuesta acusación. ¿Se entiende?

Señora rubia: Respecto de Yugoslavia, yo puedo llegar a sentir culpa.

J. B.: Sí, claro, es muy válido lo que decís.

Señora rubia: Y la culpa que puedo sentir tiene que ver con que, si en lugar de ponerme una coraza y dar vuelta la página hago algo, un movimiento, qué sé yo, pero hacer...

J. B.: Podrías sentirte culpable, ¡cómo no!

Chica de voz afectada: *(Despectiva)* Eso tiene que ver con tu historia.

Señora rubia: *(Enojada)* Podés tapar un sentimiento de culpa negándolo; das vuelta la página y leés un chiste.

J. B.: *(Componedor)* Seguro que sí. Lo que yo hice fue dar un ejemplo para que se entendiera que no necesariamente un sentimiento de pena frente al sufrimiento ajeno te genera culpa; puede generarte ganas de ayudar o de hacer algo sin necesidad de sentirte culpable.

Señor de saco marrón: *(Reflexivo)* Generaría culpa si ella pensara que haciendo eso podría solucionar el problema de Yugoslavia y no lo hiciera.

J. B.: Porque, de alguna manera, ella está identificándose, no sólo con el sufrimiento del otro, sino con la posible acusación del otro, aunque esta acusación nunca llegara. Es decir, se está identificando con la utópica acusación que aquel que sufre le haría, por ejemplo, diciéndole: "Vos también tenés la culpa porque, ¿vos qué hiciste cuando te enteraste?"...

Señora expresiva: Yo, por ejemplo, pienso que tantos judíos fueron a la cámara de gas y que... gran parte del mundo es responsable por no haber abierto la boca. Entonces, colocándonos en la misma situación, tampoco abrimos la boca en el caso de Yugoslavia.

Nato: *(Con menosprecio)* Si abrís la boca tampoco lo podés solucionar.

Chica de voz afectada: O en el caso del proceso militar en nuestro país.

J. B.: Muy bien. Si quieren, el tema de la identificación en todas estas situaciones lo retomamos después, porque me parece interesante. Pero ahora quiero intentar terminar de redondear el esquema de la culpa. Hace falta que exista una real o imaginaria acusación del otro respecto de mi actitud y no sólo eso. Atención, yo tengo que identificarme con esa acusación, yo tengo que avalar tu recriminación, tengo que coincidir con tu exigencia. Esto es: cuando me siento culpable, yo imagino que hay un cargo justo que el otro me puede hacer.

Armando: Te hago una pregunta. Vos estás con tu señora y te dice: "Yo al final vine acá, perdí el tiempo, no me gustó la gente..." Vos, ¿no te sentís culpable?

Celia: A mí me daría bronca.

Armando: No, no, esperá. Vos podés decirle: "Disculpáme por haberte hecho venir y perder la noche", y ya está.

Público en general: *(Voces superpuestas)* No... Sí... Ah... ¿Cómo?... ¿Qué dijo?...

J. B.: Me parece interesante el ejemplo y lo rescato. Sí, podría suceder que me sintiera culpable frente a Perla, aunque no es el caso. Vamos a tomar esta situación como base. ¿Por qué podría yo sentirme culpable? *(Jorge vuelve al esquema)* Aquí estoy yo; esta flecha es lo que yo hice (invitarla a la charla, pedirle que venga o no decirle que no venga); este otro es Perla. La charla fue un embole, aburrida, horrible, etc. Cuando nos vamos, Perla dice: "Uh..." Es todo lo que dice; pero yo, que la conozco, sé que algo no está bien y me doy cuenta de que no le gustó haber venido. Entonces, dándome cuenta o no, me imagino el fastidio que yo tendría si alguien me llevara a una charla tan aburrida y, además, cómo yo estaría internamente recriminando al otro por este fastidio. En el esquema, esta flecha que vuelve es la supuesta recriminación de Perla. Y yo, que creo que tiene razón -porque yo sentiría lo mismo-transformo todo eso en autoacusación.

Clara: Pero depende de si ella quiso acompañarte por propia iniciativa o si vos le pediste que te acompañara.

Señor de saco marrón: *(A Clara)* No, depende de lo que él sienta que ella le quiere expresar.

Madre que estudia psicología: Pero el sentimiento de culpa parte de uno.

Armando: *(A la Madre que estudia psicología)* Pero es frente a ella.

Joven con pinta de recién casado: *(A Jorge Bucay)* Esto es lo que vos decías, que siempre hay otra persona involucrada.

Madre que estudia psicología: *(Insistente)* Yo creo que, por más que exista el otro, real o en la fantasía, la culpa está en la cabeza de uno.

J. B.: Siempre hay otra persona involucrada, aunque sea imaginaria... *(Mirando ahora a la Madre que estudia psicología)* Si lleváramos los razonamientos a su última esencia, quizá todo estaría en la cabeza de uno. No se olviden que estamos hablando de conductas complejas. ¿Se acuerdan del principio de la charla?

Madre que estudia psicología: Pero si yo mato a alguien, pero resulta que ese alguien es Hitler, yo no me voy a sentir culpable.

J. B.: O sí... No importa. Yo te entiendo. Pero es una lástima empezar por el lugar más difícil para entender un proceso. Lo que estamos haciendo es poner ejemplos complicados que no nos van a dejar entender cuál es el mecanismo básico que se da en torno al sentimiento de culpa.

Hay un viejo cuento de un profesor de aviación que lleva a un alumno a aprender a pilotear. Están en el avión y el profesor le dice:

- Supongamos que estás piloteando el avión, viene una tormenta y arranca un motor, ¿qué hacés?

- Sigo con el otro motor -le responde el alumno.

- Muy bien -dice el profesor-, pero si viene otra tormenta y te arranca el otro motor, ¿qué hacés?

- Bueno -dice el alumno-, sigo con el tercer motor.

- Claro -dice el profesor-, pero viene otra tormenta y te arranca también el tercer motor, ¿qué hacés?

- Y bueno -contesta el alumno-, sigo con el cuarto.

- Pero viene una tormenta más y te arranca el cuarto motor, ¿ahora qué hacés?

- Y... sigo con el quinto.

Entonces, el profesor le dice:

- Decíme, ¿de dónde sacás tantos motores?

Y el alumno le responde:

- Y usted, ¿de dónde saca tantas tormentas?

Público en general: *(Risas).*

J. B.: Lo que les quiero decir es que si ustedes buscan ejemplos basados en las complicaciones más extremas, seguramente se van a perder la posibilidad de comprender, primero, el mecanismo sencillo, que es el cotidiano. Ustedes quieren llegar al mecanismo más profundo antes de ponernos de acuerdo en cuál es el cotidiano y el primero. Por eso les sugiero que, en lugar de buscar el ejemplo que hace la excepción, veamos qué pasa en un ejemplo sencillo.

Joven emocionado: *(Ocurrente)* Una salida al cine; cuando uno propone una película y el otro otra. La mujer convence al marido de ver una romántica cuando el hombre quería ver un policial. La película resulta una porquería y la mujer se siente culpable.

J.B.: ¿Por qué? ¿Cuáles son los pensamientos de ella?

Joven emocionado: *(Maravillado con su relato)* Ella piensa que debió haberle hecho caso de ver el policial que él quería y que él le va a reprochar por haberlo enganchado en su propuesta sin estar segura de que la película era buena.

J.B.: Muy bien, podría ser. El ejemplo que propuso Armando también es sencillo: si me sintiera culpable sería por haberme anticipado a la recriminación de Perla.

Clara: Pero en el ejemplo que vos diste, Perla sí te habría acusado.

J.B.: En ese ejemplo Perla no me habría acusado, pobre Perla, lo único que habría dicho es un pequeño "Uh...", casi un suspiro...

Público en general: *(Risas)*.

Clara: Pero el que siente la culpa sos vos.

J.B.: ¿Yo? Yo no.

Clara: Pero en ese ejemplo de Perla, vos, Jorge, ¿no sentís remordimiento?

J. B.: No, ¡qué voy a sentir remordimiento! Lo que yo estoy intentando que descubran no es si yo lo siento o no, sino cómo es que podría llegar a sentirlo. Vos misma, Clara, hablaste antes de acusación. Para poder sentirme culpable tendría que empezar por ver en ella una acusación, una <u>exigencia</u>. En este caso, por ejemplo: "¡No deberías haberme invitado, idiota!"

Público en general: *(Risas).*

Joven emocionado: Es una sensación interna.

J. B.: Es más que esto; es la <u>identificación</u> con una exigencia <u>justa</u> a la cual uno no está respondiendo.

Señora del fondo: ¿Por qué?

J. B.: ¿Por qué no está respondiendo? Después veremos.

Celia: No, perdón, me parece que nos estamos yendo a la omnipotencia.

J. B.: *(A Celia)* ¿Por qué pedís perdón?

Celia: Digo, ser capaz de...

Señor de aspecto profesional: *(Hundido en su silla, cruzado de brazos)* No, a veces uno no responde a esa exigencia porque no quiere.

Señora expresiva: Yo no lo pienso como omnipotencia, así, tan fuerte.

Señor de aspecto profesional: *(Balanceándose sobre las patas traseras de su silla)* Esto tiene que ver con lo que decía Nato, que está relacionado con la responsabilidad.

Público en general: *(Superposición de voces y gestos de indignación).*

Chica de voz afectada: ¿¿Por qué no dejamos terminar un concepto??

J. B.: Lo único que temo es que ustedes se pierdan. Yo puedo seguirlos por donde quieran; lo único malo es que, quizás, se pierdan de entender el tema de la culpa. Pero para mí está bien. Sigan.

Nato: *(Monocorde)* Supongamos que terminó la charla; se van y tu mujer te dice: " Mirá, fue un desastre" ¿De quién es la responsabilidad? La culpa no es de ella, sino nuestra, porque nosotros permitimos que vos vinieras.

Celia: *(A los gritos)* ¡No, Nato! ¡Es él quien tiene que sentir la culpa! ¡Él la trajo!

Nato: *(Exaltado)* No, no, dejáme que lo hablemos. Por eso, para mí no existe la culpa; es la responsabilidad de ella de decirle que sí y haber venido.

Chica de voz afectada: A mí me parece que, de golpe, con un mismo disertante, por ahí uno escucha la misma conferencia muchas veces en ámbitos diferentes. El hecho de que en uno de esos lugares haya sido un bodrio no es un motivo para que él se tenga que sentir culpable.

J. B.: *(Fingiendo preocupación)* Bueno, pero todavía no terminó, por ahí al final repunta...

Público en general: *(Carcajadas)*.

Señor de aspecto profesional: *(Canchero)* Jorge, dale vos...

J. B.: *(Serio)* Sí mi general.

Dejemos sentado que hay quienes no sienten culpa, como Nato, pero que hay otros que sí la sienten. *(A Nato)* Yo puedo aceptar que vos no sientas culpa, te aplaudo y te envidio; pero esto no quiere decir que la culpa no exista. Porque parece, perdón por esta interpretación, que tu empeño fuera demostrarnos que la culpa no existe, convencernos; como si una verdad tuviera que ser la verdad de todos. Si alguien me pregunta a mí si Dios existe, más allá de mi creencia religiosa, yo debo contestar que, mientras haya alguien que crea en Dios, no hay ninguna duda de que Dios existe. Si hay un solo tipo sobre la tierra que cree que Dios existe, Dios existe; de hecho, Dios es como mínimo su creencia, y esto hace que exista. Puede ser que no exista para mí, puede ser que yo no cuente con él; pero que yo no crea en Dios no cuestiona para nada la existencia de la idea de un Dios. Bajo el mismo razonamiento, si alguien no siente culpa, sería bastante autoritario creer por eso que la culpa no existe. Porque estaríamos descalificando lo que cada uno de los que estamos acá sufrimos cuando nos sentimos culpables.

Público en general: *(Comentarios de aprobación).*

J.B.: Volviendo al ejemplo que ustedes propusieron. Perla y yo salimos de acá y yo percibo que ella está malhumorada. Presumo que es porque la charla no le gustó, porque se aburrió, y entonces, frente a su malestar -y a su imaginaria acusación, como decíamos antes- empiezo a sentirme mal, a sentirme culpable. Pero tengo que hacer algo más todavía antes de sentirme culpable: Me digo: " Tiene razón" .

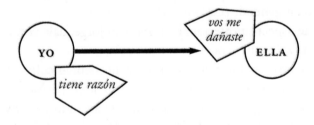

Frente esta situación de malestar, de acusación y de exigencia colocada por mí en su pensamiento, determino que ella tiene razón; y entonces, no sólo me acuso sino que además me condeno y me penalizo. El castigo para mi falta es el automartirio y la forma de pagar es la culpa.

La culpa es el resultado de esta supuesta exigencia del otro, sea dicha o no sea dicha, sea real o imaginaria. La culpa no sucede frente al dolor. Sucede cuando, además, puedo imaginarme que hay una exigencia e identificarme con ella. Sentirme culpable por haber puesto a mi mamá en un geriátrico es posible en la medida en que sienta que ella me está diciendo "No me hagas esto, no es justo", y en la medida en que yo sienta que tiene razón. Ahí es cuando uno se siente culpable: cuando se identifica con una exigencia.

Celia: A lo mejor mi mamá está chocha en el geriátrico, con las amigas, charlando, pero yo no...

J. B.: Seguro.

Señor de aspecto profesional: *(Con soberbia, señalando a Celia)* Esa es una buena manera de contrarrestar la culpa.

J. B.: *(Alzando el tono)* Es este sentimiento de identificación con la exigencia lo que verdaderamente da origen a la culpa. No es la sensación de haberse equivocado, ni la conciencia de falibilidad, ni la consecuencia necesaria de *(enfático)* "sentirse-mal-de-sentirse-bien-cuando-el-otro-se-siente-mal".

Lo único que hace que uno se sienta culpable, en verdad, es identificarse con una exigencia del otro.

Madre que estudia psicología: Identificarse con una exigencia del otro.

J. B.: Sí.

Madre que estudia psicología: Identificarse con una exigencia.

J. B.: Exigencia, sí.

Madre que estudia psicología: ¡La autoexigencia!

J. B.: No exactamente. La mayor parte de las veces, exigencia proyectada. Yo digo que el otro me está exigiendo aunque el otro no lo haga.

Madre que estudia psicología: Yo me estoy sintiendo exigido.

J. B.: Yo me estoy sintiendo exigido por una exigencia que veo en el otro, sea real o no.

Madre que estudia psicología: Fantaseamos con una exigencia.

J. B.: Para usar la palabra adecuada, más que la <u>fantaseamos</u> yo diría que la <u>proyectamos</u>.

Madre que estudia psicología: Pero soy yo que me estoy exigiendo.

J. B.: *(Intentando dejar a la señora)* Ahora vamos a ver qué pasaría si esa exigencia la estuviera proyectando yo sin saber si está o no en el otro. Recordemos el ejemplo de Perla, que lo único que dijo fue: "Uh..." Y, en realidad, el "Uh..." tal vez se debía a que le apretaban los zapatos. Pero yo creí que "Uh..." era para mí, era un reproche, era el reclamo por haberla invitado a un programa aburrido.

Madre que estudia psicología: *(Insistente)* Pero el asunto es que nosotros también nos exigimos.

J. B.: *(Con signos de resignación)* Por supuesto que también nosotros nos exigimos, nos autoexigimos, como vos decías. Pero lo que me importa dejar establecido aquí no es eso. Es casi una simplificación lo que vos hacés; porque si sigo tu razonamiento voy a sembrar la idea de que la culpa proviene de la autoexigencia, y no es eso lo que quiero transmitir. Yo te diría que es bastante más provocativa mi propuesta. Cuando yo me siento exigido por el otro, ya sea desde una exigencia real o imaginaria, la sensación no cambia; siempre es como si el otro la tuviera. Cuando hay un sentimiento de culpa, lo que yo siento -más allá de la terminología del psicoanálisis, que no es lo que me propongo debatir- es que alguien, desde afuera, me está exigiendo algo. Por eso decía que ustedes quieren empezar por el final de la historia. Ya llegaremos. Hasta dentro de un rato, olvídense de la interpretación psicoanalítica, de si la exigencia es mía, del vecino, tuya, o del tío Pichulo, porque si no, no vamos a entender cuál es el <u>mecanismo</u> que genera la culpa.

En los hechos reales, esa sensación displacentera se siente frente a una exigencia del otro que yo considero justa. Porque si yo considero que la exigencia es injusta, no me siento culpable. Por ejemplo, yo no me siento culpable cada vez que mi mamá me llama para decirme que hace mucho que no voy a comer a su casa, pero sí lo siento cuando creo que ella tiene razón y que hace mucho que no voy a visitarla. Ahora bien, si fui ayer y me llama para decirme que hace mucho que no voy, por supuesto yo no creo que tenga razón y, en consecuencia, no siento culpa. Y entonces uno se pregunta: ¿Quién dice qué es lo justo y qué es lo injusto?

Parte del público: *(Voces superpuestas)* Eso... Eso... ¿Quién?...

Parte del público: *(Voces superpuestas)* No sé... La sociedad... Las costumbres... La educación...

J. B.: Por ejemplo, si tu exigencia sobre la calidad de esta charla estuviera dirigida hacia Perla y hacia mí, Perla podría no sentirse culpable y yo sí, o viceversa. Aunque la exigencia fuera para los dos. " ¡Eh, ustedes!, ¿qué vinieron a hacer aquí?", podrías decir vos, Celia; y, ante eso, Perla pensaría: "A mí qué me importa", y yo podría decir: "Uy, perdonáme... No sé que me pasó", etc. ¿Entendés? El impacto es diferente porque la identificación que tenemos con tu exigencia es diferente. La exigencia pertinente del otro es siempre un lugar en el cual me estoy poniendo yo, no sólo porque, por lo general, no sé si esta exigencia es real, sino además porque no es necesario que lo sea.

Señor de aspecto profesional: ¿Y en qué cambia eso? No cambia mucho.

J. B.: No, no cambia, porque lo que verdaderamente me da bronca es lo que yo veo en el otro, sea real o no.

Madre que estudia psicología: Pero entonces sí son tus propias exigencias.

J. B.: Lo que estoy diciendo es que detrás de la culpa siempre está tu propia manera de exigir.

Madre que estudia psicología: ¡Eso es lo que yo decía antes! ¡Sí!

J. B.: Las exigencias del otro pueden estar o no; es más, si están, sólo te producen esta sensación si se identifican con las tuyas. La culpa está, pues, en relación con tus propias exigencias; no con tus autoexigencias. No se trata aquí de las cosas que vos te exigís a vos mismo, sino de las cosas que vos le exigirías al otro si cambiaran lugares. Estoy diciendo: denme diez individuos culposos y les mostraré diez individuos exigentes. Detrás de cada persona que se siente culpable, frecuentemente se esconde una personalidad que las Naciones Unidas han denominado con esta sigla *(anota en el rotafolios)*

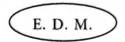

E. D. M.

Esto es, "exigente de mierda".

Público en general: *(Risas).*

J. B.: ¿Qué estoy diciendo? Estoy diciendo que desconfiemos de los pobres llorosos que sufren de la eterna tortura de la culpa, porque en cada uno de ellos hay un exigente encubierto. ¿Por qué? Porque está proyectando sus exigencias en el afuera, y se siente culpable ante estas mismas cosas que él proyecta. Margarita se siente muy culpable de no haber ido a visitar a su amiga Mabel que está enferma. Sospecha un futuro pase de facturas de parte de ella cuando la vea. Cree que debería ir. Sabe que a Mabel le dolerá su ausencia. Pero lo que verdaderamente la obliga a condenarse a la culpa es la vivencia, consciente o no, de cómo ella condenaría a Mabel si, en una situación similar, aquella no encontrara tiempo para visitarla.

Les voy a proponer ahora una pausa de unos cinco o diez

minutos para estirar las piernas, ir al toilette o tomar café, y nos encontramos para hablar sobre por qué dije que este sentimiento es complejo.

Público en general: *(Aplausos).*

Durante la pausa, muchos asistentes se quedan conversando y discutiendo entre ellos. Otros salen y vuelven enseguida. Al cabo de unos minutos, algunas señoras que han aprovechado el movimiento de la sala para conseguir mejor ubicación, exclaman estirando el cuello: "¡Ahí está! ¡Ahí viene!". El público que está en la puerta se hace bruscamente a un lado para dejarlo pasar. Rápidamente, todos terminan de acomodarse. Jorge levanta la mirada.

J.B.: Bien, continuemos. Habíamos llegado finalmente a la definición buscada. La culpa es una respuesta interna displacentera producto de la identificación con una demanda de un otro. Y aclaramos que ese otro puede existir o no, que esa acción mía puede haber sido realmente dañosa o no y, finalmente, que esa recriminación del otro puede existir o no. Todo lo que no exista se puede completar con el imaginario a la hora de sentirnos culpables. Pero aquí es donde surge el problema. Vamos a salirnos del tema de la culpa. Imaginen esta situación: El señor A está exigiendo, recriminando, demandando permanentemente al señor B. Visualícenlo: A se para frente a B y lo señala con el dedo acusador diciéndole todo lo que hizo mal. ¿Qué suponen ustedes que ese señor B siente frente a ese otro que le exige?

Celia: *(Temblorosa)* Angustia.

Madre que estudia psicología: *(Con voz firme)* Bronca.

Joven con pinta de recién casado: *(Sonriente)* Ganas de mandarlo a la mierda.

Señora que llegó tarde: *(Con voz apagada)* Depresión.

Señora de medias rojas: *(Con voz aflautada)* Ganas de pegarle una piña...

J. B.: Muy bien. Toda esa violencia es el resultado de la impotencia. Pero en general, cuando alguien se siente exigido, la respuesta primordial que aparece es la bronca. Es decir, a todos nos da bronca que nos exijan. Frente a la exigencia, el reproche y la recriminación, puedo sentir angustia o no, puedo sentir agobio o no, puedo deprimirme o no, pero lo que seguramente no puedo dejar de sentir es bronca. ¿Se entiende esto?

Público en general: Sí.

J. B.: Entonces, aquí aparece la contradicción. ¿Cómo puede ser que ocurra esto? ¿Cómo es que frente a la exigencia de otro, en lugar de sentir la bronca y agredir al exigente, termino sintiéndome mal yo, cargándome de culpa?

Señor de aspecto profesional: *(Con aires de catedrático)* Algo pasa en relación a la bronca. La reprimo por la justicia del reclamo.

J. B.: Sí, ya sabemos que el reclamo del otro es justo, pero ¿qué hago con esta bronca que me comí? Esta es una cuestión que hay que resolver desde la psicología para terminar de entender este proceso. ¿Se entiende cuál es el planteo?

Público en general: *(Silencio).*

J. B.: Estamos frente a una situación extraña. La exigencia de otro genera en mí un sentimiento: <u>bronca</u>. Normalmente, cuando tengo bronca grito, peleo, pego, mato... ¿Cómo es que, esta vez, tengo bronca y en lugar de expresarla termino sufriendo, herido, impotente, sintiéndome mal? ¿Qué transformó mis ganas de matar al otro en culpa? Acá viene la historia. *(A Armando)* ¿Me ayudás, Armando?

(Armando pasa al frente y Jorge le indica que se pare a su lado, frente al público).

Supongamos que Armando estuviera exigiéndome y recriminándome todo lo que hago. Seguramente yo me enojaría con él y con su actitud. Tanta bronca me da que me reprochen, que me dan ganas de pegarle una trompada. De verdad. Y algo voy a tener que hacer con esto que siento. No se olviden que las emociones son energía que fluye adentro y que están allí para transformarse en acción. Emoción viene de "e" - "moción", hacia el movimiento, hacia la acción. Si uno no transforma las emociones en acción, esas energías se quedan adentro estancadas, como si fueran una bomba de tiempo. Entonces, ¿qué hago? Me da bronca su exigencia, cierro el puño y preparo el golpe. Pero una milésima de segundo después de empezar el movimiento, pienso: "Bueno, pero es Armando, tan buen tipo, ha colaborado tanto conmigo... ¿cómo le voy a pegar?". Tenga él razón o no la tenga, yo lo quiero. ¿Cómo voy a dañarlo o destruirlo si lo quiero? ¿Qué hacer? No puedo parar el golpe porque la bronca ya la sentí y el golpe ya salió. Entonces, sólo queda una posibilidad. De alguna manera, pongo una barrera para protegerlo a Armando de mi propio golpe; pongo un muro para que lo proteja a él de mí y de este modo evitar que el golpe le llegue. Si todo terminara aquí estaría bien, pero lo que sucede después es que esa barrera se transforma en un espejo, y mi golpe rebota en el muro y vuelve exactamente a su lugar de origen, es decir, vuelve hacia mí.

Señora con voz de locutora de talk show: ¿Y si no fuera alguien que vos querés? ¿Si esa bronca fuera con alguien que odiás?

J. B.: Esperá, dejáme terminar. Entonces, decía, este golpe se vuelve hacia uno. ¿Cómo se siente? ¿Cómo es vivenciado el golpe dirigido hacia otro que vuelve hacia mí? Vuelve en forma de <u>culpa</u>. *(A Armando)* Gracias Armando, volvé a tu lugar. *(Jorge continúa mientras el hombre se acomoda en su silla con una sonrisa).* Este mecanismo por el cual me hago a mí mismo lo que en realidad quiero hacerle a otro, se denomina <u>retroflexión</u>.

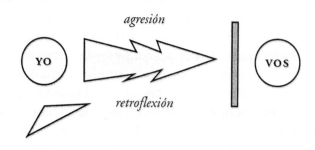

Podemos, ahora sí, redefinir la culpa como la retroflexión de una agresión.

Y entonces sí se entiende la idea que enunciaba mi colega... *(señalando a la Madre que estudia psicología).*

Madre que estudia psicología: *(Sorprendida)* ¡Eh!... Futura colega...

J.B.: ...la idea que enunciaba mi futura colega: la culpa empieza y termina en uno; pero no como una autoexigencia, sino como una retroflexión.

Señor de aspecto profesional: *(Levanta la mano).*

J. B.: ¿Sí?

Señor de aspecto profesional: Perdón, pero vos *(a la Señora con voz de locutora de talk show)* habías preguntado algo.

Señora con voz de locutora de talk show: Sí. ¿Qué pasa cuando la bronca es con alguien que no querés?

J. B.: Es sencillo. La bronca frente a su exigencia ɪ las mismas ganas de pegarle, pero como no tengo cː sos que me induzcan a levantar la barrera, la agreː frenada y llega a destino. Y ahí, mientras el otro ୲୲୲୲ ୲୲ agresión, siento placer, satisfacción o nada, pero no culpa. Ahora bien, cuando...

Señora con voz de locutora de talk show: *(Interrumpiendo, irritada)* Yo creo que no llegaría a un acto físico de agresión a otro...

Señor de aspecto profesional: *(Se para y le explica)* El ejemplo es metafórico, pero si ese fuera tu deseo, seguro que hacerlo te sacaría la bronca. *(Dirigiéndose a todos)* Recuerden que las emociones son la mitad de un proceso, la otra mitad es la acción.

Señora con voz de locutora de talk show: *(Más irritada, a Jorge)* Pero... ¿cómo haría con alguien a quien no tengo enfrente para pegarle?

J. B.: En ese caso, el diálogo se desarrollaría más o menos así. El otro diría: "¿Cómo me hacés esto?", y vos contestarías: "Te lo hago porque te lo merecés". Punto. No hay culpa.

Señora peinada como mi mamá: *(Arrogante)* O lo matás con la indiferencia.

J. B.: Es muy difícil el tema de la indiferencia, porque la indiferencia se presta a un aire de superioridad en el que muchas veces se esconde la propia incapacidad para actuar la bronca o la ira. Puede ser que tengas algo de razón; sin embargo, muchas veces la indiferencia es sólo una excusa de los pacatos que no nos animamos a ser agresivos. A veces... a veces no.

Desde esta perspectiva, la culpa no es más que una forma de <u>agresión</u>. No es una sensación y un sentimiento absoluta-

..nente noble, dirigido hacia el otro para consolarlo de los pesares que le tocan en la vida; sino una despiadada autoagresión producto de un resentimiento no actuado.

De resultas de este planteo, si cada vez que uno se siente culpable pudiera revertir el proceso de retroflexión y reorientar la agresividad -es decir, volver la agresión hacia donde originalmente estaba dirigida- <u>inmediatamente</u> dejaría de sentir culpa.

Volvamos al ejemplo de mi mujer. Supongamos que hoy salimos de acá y ella me dice: "¡Uh!..." Imaginemos que pregunto y ella me dice: "Ufa, fue un embole, no sé para qué me invitaste". Si en ese momento, en lugar de sentirme culpable, pudiera darme cuenta del fastidio que siento frente a su reproche, y decidiera actuar esa bronca, entonces seguramente le diría: "¿De qué me estás acusando, qué te pasa? Viniste, si no querías no hubieras venido, ahora no me hinches a mí" . Puede ser que sea justo o injusto mi enojo, pero no, no sentiría culpa, no habría lugar para la culpa. Si yo puedo actuar la bronca que tengo frente a la exigencia del otro, no siento culpa. Sentiré otras cosas, pero culpa, no.

Señor de aspecto profesional: ¿Es una defensa la que vos hacés?

J. B.: No, no es una defensa. En todo caso, la defensa sería la retroflexión; defenderme de mis verdaderas emociones para no pagar los precios de ser quien soy. Defensa es frenar la agresión y darla vuelta hacia mí. La salud es darme cuenta de que no estoy enojado conmigo, darme cuenta de que en realidad me estoy enojando ante una exigencia de otro. Y entonces, cuando falla la defensa, tengo que empezar a buscar.

Veamos un ejemplo concreto de la práctica cotidiana. Si se animan, piensen en alguna situación de su vida en la cual se hayan sentido culpables. Tómense uno o dos minutos para buscarla entre sus recuerdos... Puede ser de ayer o de hace años... no importa... Recuérdenla... Una vez que la tengan, busquen el otro sentimiento; dense cuenta de alguna bronca, de un resentimiento, de un enojo que no habían sido actuados hacia esa persona frente a la cual se sintieron culpables. Si se animan, van a encontrar que sí, que con esa persona ante la cual se sintieron culpables tenían resentimientos, broncas, cuestiones no resueltas. Pero lo más importante es que van a sorprenderse; si se animan a conectarse con la agresión hacia el otro, van a sorprenderse, digo, porque la culpa desaparecerá. ¿Se entiende lo que digo?

Señora peinada como mi mamá: ¡Claro!

Madre que estudia psicología: ¿Es como que encontrás una justificación?

J. B.: No sólo una justificación, es la justificación. Por ejemplo, si la reunión de hoy resultara un embole, yo, frente a la exigencia real de Perla, podría decir: " Yo no tengo nada que ver, nunca te dije que la ibas a pasar de fiesta", y no tendría motivos para sentirme culpable. Y si, en última instancia, la situación fuera que yo le prometí que la charla iba a ser bárbara y no sabía en efecto si iba a ser así, entonces tengo que pensar que la quería enganchar a Perla para que corriera un riesgo determinado. ¿Por qué? Porque algo debía yo tener pendiente con ella para tener esa actitud, o porque me importó un bledo si ella la iba a pasar bien o no. Cuando yo descubro que hay una bronca que dispara la culpa, dejo de sentirme culpable.

Armando: Cuando la descubro...

J. B.: Sí... Y cuando no lo descubro, es bueno que siga buscando.

Señora que llegó tarde: Pero hay personas que podrían llevar sentimientos de culpa permanentes. En cierto modo, es como que uno se inventa la excusa si es que quiere. Hay cosas que son mucho más viejas, sobre todo en las relaciones entre padres e hijos.

J. B.: Vamos a sacar la relación de los padres con los hijos de esta charla, porque es harina de otro costal; pero sí vamos a dejar la relación de los hijos con los padres. La relación con los padres, especialmente cuando aquellos se ponen viejitos es, por lo general, una relación llena de culpas. ¿De dónde salen estas culpas? Salen de sentimientos que no tenemos claramente identificados. En verdad, me siento culpable de mandar a mi vieja a un asilo, porque me irrita tener que mandarla a un asilo, porque me molesta muchísimo que no sea joven, me complica que no se pueda trasladar por sus medios, me asusta que haya envejecido, me molesta muchísimo su decadencia, no tolero que no pueda valerse por sí misma, ¡me molesta todo!, ¡me da bronca que esto sea así! Pero, ¿qué voy a hacer?, ¿me voy a enojar con ella por esto? No puedo enojarme con ella. ¿Qué voy a hacer con la energía atrapada en la emoción? Me defiendo de esa bronca. Retroflexiono. La voy a descargar en mí. Uno de los resultados de hacerlo es la culpa.

Señora peinada como mi mamá: Porque te da bronca que ya no sea la madre que vos quisiste.

J. B.: Posiblemente.

Joven con pinta de recién casado: Que ya no es más, que ya fue...

Señor de aspecto profesional: *(Solemne)* Que uno se ha quedado solo...

J. B.: Sí, por todas esas razones, pero... ¿qué hacemos con esa bronca? Culpa.

Nato: *(Pensativo)* Es muy difícil darse cuenta de esas cosas.

J. B.: Muy difícil. Pero, ¿vos creés que es fácil para alguien vivir cargado de culpas toda la vida?

Nato: No.

J. B.: Es más fácil darse cuenta de que no hay nada de malo en haberse quedado resentido frente a un aspecto del otro y actuarlo, que esconderlo y sentirse culpable para siempre. Sobre todo, como decíamos antes, cuando empiezo a darme cuenta de que esta exigencia que veo en el otro, quizás ni siquiera sea del otro y, en realidad, no sea sino una proyección de mis propias exigencias. Esta charla parece un tour psicológico por los mecanismos de defensa: retroflexión, proyección, identificación... No falta nada.

Madre que estudia psicología: *(Sobresaltada)* ¡Falta la negación!

J.B.: ¿La negación?... ¡¡¡Noooo!!!

Público en general: *(Risas)*.

Señora de medias rojas: ¿Siempre que me guardo la rabia me siento culpable?

J.B.: Existen tres formas fundamentales en las cuales podemos retroflexionar la bronca y agredirnos por no actuar la bronca con el otro. Son la culpa, la depresión y las enfermedades psicosomáticas.

Señor de aspecto profesional: ¿Se puede pensar aquí también en la úlcera, por ejemplo?

J. B.: Por supuesto.

Celia: Esto pasa con todas las enfermedades psicosomáticas.

J. B.: No sé si con todas, habrá también algunas otras cosas que uno somatiza. Pero en muchas enfermedades psicosomáticas, cuando el médico empieza a buscar, encuentra un componente psicológico: El paciente está muy resentido, pero nunca pudo actuar uno solo de esos sentimientos porque, por ejemplo, los considera emociones "negativas".

Señora de primera fila: Yo te quiero hacer una pregunta que puede estar o no referida a los hijos. ¿Qué pasa cuando, por ejemplo, hay personas que no sienten esa resistencia frente a la exigencia? Yo veo padres que, frente a un hijo demandante, dan siempre lo que ese hijo quiere; y frente a los hijos no demandantes no dan nada. ¿Qué pasa en esa situación? ¿Por qué, a veces, uno actúa frente a la demanda en lugar de oponer resistencia?

J. B.: Pero, ¿por qué identificás demanda con exigencia?

Señora de primera fila: Porque, para mí, la demanda es una exigencia.

Señora expresiva: *(A la señora de primera fila)* ¿Por qué?

Señora de primera fila: *(Visiblemente indignada)* Porque ¿con qué derecho ellos están pidiendo y pidiendo y pidiendo? No tienen consideración.

Madre que estudia psicología: *(Apacible)* Por ahí te están pidiendo y no te están exigiendo y vos lo sentís así.

Señor de aspecto profesional: *(A la señora de primera fila)* Entonces la exigencia es tuya.

Madre que estudia psicología: *(A la señora de primera fila)* Lo que esa demanda toca en vos es algo que tiene que ver con alguna otra cosa.

J. B.: *(A la señora de primera fila)* ¿Sabés lo que pasa? Que en relación a los hijos es muy difícil contestar tu pregunta.

Señora de primera fila: *(Desesperada)* ¡Entonces, más allá del ejemplo, hay algo que yo no entiendo, Jorge! ¿Cuáles son los límites entre el pedido y la exigencia?

J. B.: *(Entusiasmado)* ¡Muy bien! Por fin aparece esa pregunta. No siempre es fácil reconocer ese límite. Si vos venís y me decís: "¿Me das un vaso de agua?", yo sé -y vos también- que está en mí acceder a tu pedido o no. Pero si vos venís y me gritás: "¡Dame agua!", queda claro para mí que vos no creés que yo pueda elegir complacerte o no. Puede ser que te la sirva, o no; pero seguramente me va a dar bronca. En este caso la diferencia entre ambas es evidente, pero no siempre es tan clara. Como norma y para tomar el mejor referente: Frente a la exigencia de otro yo siento que no puedo elegir, que no tengo el derecho a <u>decir no</u>, siento como si el otro ya hubiera decidido por mí. Esta carga, la de la expectativa del otro, me da la vivencia del ser exigido. Esto es, no hace falta que el otro me grite enojado para que sea una exigencia. Puede ser que alguien me diga en voz muy suave: "Jorgito, vos que sos tan bueno, ¿podrías venir a mi casa esta noche a cebarme unos mates? Porque yo no tengo a nadie ¿viste?..." Claro, yo escucho y pienso en todo lo que debo terminar hasta mañana, pero el otro sigue: "...porque mi hermano y otro amigo se ofrecieron, pero yo les dije: No. Para tomar mate prefiero tomar con Jorgito...". Y empiezo a sentir el peso de su demanda sobre mis hombros y también siento la odiosa ambivalencia entre las ganas de huir y la pena. Y empiezo a sentirme exigido, muy sutilmente, muy espaciosamente... ¿Cómo le digo que NO? Está sembrada la semilla de la culpa.

Más o menos evidente, la exigencia no da ganas de cumplimentar nada, no da ganas de hacer nada, no da ganas de arreglar nada. La exigencia conecta con la resistencia. En este sentido, se puede comparar con la acción y reacción de la física: si la exigencia es una acción, la reacción es "no quiero"; es decir, si me exigen, no quiero.

Ahora bien, cómo puede ser que esta expectativa, esta demanda, esta exigencia -la que genera la culpa- no genere la reacción "no quiero". La razón es -recuerden lo que ya dijimos antes- que uno se está identificando con esa exigencia. Porque sólo se puede sentir culpa si uno cree que en esa situación pondría la misma expectativa que el otro está poniendo en uno. Por lo tanto, ningún culposo es culposo si no es un exigente.

Señor mayor: Cuando uno piensa que haría lo mismo.

J. B.: Exactamente. Yo me siento culpable de haber mandado a mi padre a un asilo para poder sentir que estaría mal que mis hijos alguna vez me hicieran lo mismo.

Celia: Puede ser...

Nato: *(A Jorge)* ¿Te parece?

J. B.: Por supuesto. Yo creo que en la medida que cada uno de nosotros empiece a revisar su propia actitud exigente, posiblemente empiece a alejarse de estas historias culposas. En la medida que cada uno de nosotros deje de pensar que el otro <u>debe</u> aceptar mi propuesta, <u>debe</u> acceder a mi pedido, <u>debe</u> cumplir con su palabra, <u>debe</u> privilegiar mi deseo... va a dejar de colocar la exigencia en el afuera y, por lo tanto, va a dejar de sentirse culpable. Lo que vos, Nato, decías hoy al comienzo de la charla, quizá tenga que ver con que, tal vez -ojalá- seas muy poco exigente. Y si no sos exigente, probablemente no sientas culpa.

Madre que estudia psicología: Entonces, esa persona que se siente exigida, que retroflexiona la bronca frente a la exigencia del otro, en última instancia es un exigente.

J. B.: Sí. Pero acordáte de que siempre tienen que estar estas tres cosas: Un otro que te exija -aunque su exigencia no sea real-, que vos sientas bronca y, además, que no te animes a actuarla.

De lo dicho hasta aquí, podemos inferir que la culpa es como una distorsión de una emoción anterior. Tal vez tengamos que empezar a pensar que si bien la culpa es un sentimiento, es un sentimiento de plástico, bastardo en verdad. No es un sentimiento auténtico, límpido, puro; es un sentimiento inventado por nosotros para jodernos a nosotros mismos.

Alguien podría decirme: "No, pará, ¿cómo inventado por nosotros?, porque en realidad la vez pasada Benito me dijo tal cosa y me hizo sentir culpable... ¿Cómo va a ser un sentimiento inventado si él vino y me hizo sentir culpable? Además, yo le dije: No me hagas sentir culpable, y él me lo repitió y me hizo sentir más culpable todavía" . Digo esto para que empecemos a pensar que acaso las cosas no sean tan así.

Para profundizar este análisis, primero habría que ver qué cosas se ponen en juego cuando se afirma que alguien <u>hace sentir</u> culpable a otro. La primera cuestión que aparece, a la luz de lo que vimos antes, es que hacer sentir culpable a otro significa manifestar con claridad cuál es la exigencia y, además, mostrar cuál es el punto de identificación; esto es, convencer al otro de la verosimilitud o de la identificación del otro con mi exigencia.

¿Qué hago para lograr esto? Le digo al otro: "Vos me hiciste esto y a vos no te gustaría que yo te lo hiciera", lo cual implica recorrer el camino para hacer sentir culpable a otro. Si instintivamente nosotros supiéramos todo lo que acabamos de explicar desde el punto de vista teórico, si quisiéramos que alguien se sintiera culpable, ¿qué haríamos? Le diríamos eso: "Mirá, vos me hiciste esto, y a vos no te gustaría que yo te lo hiciera, entonces, ¿por qué me lo hiciste?". Entonces, el otro diría: "Claro, tenés razón", y se sentiría culpable.

Joven emocionado: Es hacerlo sentir infeliz.

J. B.: Claro. Pero hay un pequeño problema aquí también. ¿Será el otro tan poderoso como para <u>hacerme sentir</u> algo? Reformulada, la pregunta sería: ¿Cómo hace el otro para que yo sienta algo? ¡Qué poder parece tener el otro para que uno sienta algo! ¿Será cierto que alguien tiene la capacidad de hacerme sentir algo -culpa o cualquier otra cosa- que yo, naturalmente, no estoy dispuesto a sentir?

Les voy a contar algo que no tiene nada que ver con una gran verdad ni con nada que se le parezca, más bien tiene que ver con mi posición personal. En el terreno de los sentimientos, personalmente creo que nadie puede hacerme sentir nada, absolutamente nada. Alguien puede hacerme sentir dolor, que es una respuesta biológica, orgánica, relacionada con terminales y nervios, pero nadie puede hacerme sentir emociones. Nadie puede hacerme sentir culpa, amor, odio ni nada. Estas sensaciones y sentimientos son míos, no del otro. Por eso siempre digo: Tengan cuidado cuando el otro viene todo dulce y tierno a decirles: "¡Me hacés sentir tan bien!" Porque si uno compra esto, después viene: "¡Me hacés sentir tan mal!". En rigor de verdad, comprar la historia de lo que vos sos capaz de hacerme sentir es comprar una hipoteca.

Madre que estudia psicología: Cuando el otro te está diciendo: "¡Me hacés sentir tan bien!", es un aspecto proyectado del otro.

J. B.: No sé si es un aspecto proyectado. Pero seguro que es una mentira.

Madre que estudia psicología: Claro, pero el otro en última instancia es imaginario.

J. B.: ¿Quién? ¿La otra persona?

Madre que estudia psicología: La otra persona es un aspecto proyectado de uno.

J. B.: Más o menos. Yo no estaría tan tranquilo de asegurar eso. Porque de lo contrario transformaríamos esta cuestión en una vivencia tan filosóficamente idealista que yo podría decirles: "En realidad ustedes no existen, yo estoy hablando solo, me los imagino y ustedes son nada más que una alucinación mía..." Y que me demuestren lo contrario.

Madre que estudia psicología: No, no estoy de acuerdo con vos en eso. Si él me hace sentir culpable, yo creo que no es él el que lo hace. Porque si no es poner la pelota afuera.

J. B.: Me encantan estas situaciones que se dan en las charlas. Me pasa muy seguido y siempre me divierte. Yo digo: "Porque el techo está arriba y el piso está abajo", y alguien dice: "No estoy de acuerdo, yo creo que el piso está abajo y el techo está arriba" (?).

Público en general: *(Risas).*

Señora de medias rojas: Pero yo siento, por ejemplo, que él *(Señor de aspecto profesional)* está acá, y lo que él dice resuena en mí de una determinada manera, que me hace sentir esto.

J. B.: No exactamente. Es decir, frente a lo que el otro dice, vos sentís esto que sentís. Yo siento; no es que vos <u>me hagas</u> sentir.

Animémonos a aceptar la propiedad de nuestras emociones: Nadie te hace sentir nada; vos sentís o no.

Señora de medias rojas: Claro.

Señor de aspecto profesional: Perdón, yo quiero decir algo con relación a lo que dijiste vos *(Señora de medias rojas)*. Es muy diferente si yo te digo: "Me hiciste sentir como el culo"; porque ahí vos te podés defender, entonces podés pensar que no sos responsable. Pero si yo vengo y te digo: "¡Sabés que me hiciste sentir muy bien!", vos, ¿cómo te sentirías? Pensá en una situación normal. Normalmente, si te digo: "¡Me hiciste sentir de bien ayer!"...

Señora de medias rojas: *(Negando con la cabeza)* Ahí tampoco me engancho.

Señor de aspecto profesional: Pero el noventa por ciento se engancha.

Señora de medias rojas: Yo no. Porque eso es como regarte la parte querible, qué maravilloso que sos, etc., etc. Es otra cara de la misma moneda.

Chica de voz afectada: Pero es gratificante.

Madre que estudia psicología: *(En tono de advertencia)* Es gratificante desde la oreja que vos pongas para escuchar.

J. B.: Hay un viejo cuentito que viene bien para esta discusión.

Se trata de dos vecinos. Uno le toca la puerta al otro y le dice:

- Hola, cómo le va.

- Bien, bien -contesta el otro.

- Dígame, usted que es tan amable (en realidad, no era amable para nada, era una basura de tipo, pero el vecino le doraba la píldora), usted que es tan gentil, ¿no me prestaría su olla? Porque tengo gente a comer y mi olla es muy chiquita para cocinar.

Al tipo no le gustaba prestar sus cosas, pero el otro vino a pedírsela de una manera tan tierna, tan amable, que accedió:

- Está bien, se la presto.

- Gracias, mañana se la devuelvo.

- Sí, sí, perfecto.

Le presta la olla. Al día siguiente, el vecino no se la devuelve. Entonces, el tipo piensa: "Pero me la pidió hasta mañana". Y espera. Espera todo el día, espera toda la noche y, al día siguiente, le toca la puerta:

- Mire, vecino, vengo por la olla.

- ¡Ah! Sí, sí... -le dice el otro-. Anduvo todo bien el parto.

- ¿Qué parto? -le pregunta el primero.

- ¿Cómo qué parto? ¡El parto de la olla!

- ¿Qué parto de la olla? -insiste.

- ¿Cómo? ¿Usted no sabía?

- ¿Qué cosa?

- La olla suya, estaba embarazada.

- ¿Cómo que estaba embarazada?

El vecino piensa: "Este tipo está totalmente loco, de la gorra total."

- Sí, sí, sí, estaba embarazada. Esa misma noche, después de cocinar, parió.

- Así que parió...

- Sí, sí, sí; parió dos jarritos y una sartén.

- Dos jarritos y una sartén, dice usted, ahá -le sigue la corriente el vecino- ¿Y ahora está bien? ¿Está recuperada?

- Sí, sí. Espere que ya se la traigo.

Entonces, el tipo le trae la olla, los dos jarritos y la sartén.

- ¿Y esto qué es? -pregunta el vecino.

- Y... ¡la cría de la olla! Si la olla es suya, la cría de la olla también es suya; llévese todo.

El vecino piensa: "Este tipo está loco loco, pero bueno, a mí qué me importa". Agarra los jarritos y la sartén y se va.

Pasan dos o tres días y el tipo le toca la puerta. El vecino abre:

- Usted que es tan amable, ¿no me prestaría un destornillador y una pinza?

El tipo se sentía casi obligado, así que se los da.

- Gracias, mañana se los traigo.

Al día siguiente no se los trae, al otro día tampoco. Entonces empieza a pensar en ir a buscar sus cosas. Toca la puerta y el vecino le dice:

- ¿Usted sabía?

- ¿Si sabía qué?

- Lo del destornillador y la pinza.

- ¡¿Lo del destornillador y la pinza, qué?!
- Que eran pareja...
- Noooooo... se hace el asombrado el otro.
- Sí -asegura el vecino-. Los dejé un ratito en la mesa de trabajo solos y... ¡zas!
- ¿Zas?
- Me la embarazó.
- ¿Ah sí? ¿Y qué pasó?
- Ya tuvo.
- ¿Qué tuvo? -pregunta el vecino, decidido a seguirle la corriente sin reírsele en la cara.
- Tuvo cuatro tornillos y seis tuercas.
"Totalmente Loco", piensa el dueño de la pinza.
- Aquí tiene la parejita y la cría -le dice mientras le entrega una bolsita con tornillos y tuercas, el destornillador y la pinza-. No le haga hacer esfuerzos por unas días...
- No, claro...

Dos días pasaron antes de que el vecino pedigüeño volviera a aparecer por la casa del otro. Al escuchar su nuevo pedido, el corazón le dio un vuelco emocionado:

- Vecino, el otro día, cuando le traje la pinza, sin querer vi que sobre el aparador usted tiene un hermoso ánfora, ¿es de oro?
- ¡Oro puro! -contesta orgulloso y mira el ánfora con ojitos tintineantes.
- ¿No me la prestaría hasta mañana?
- ¡Pero cómo no, vecino, cómo no se la voy a prestar!

La agarra y le dice al entregársela:

- ¡Cuídela!... Ud. me entiende...
- Sí, quédese tranquilo que yo me ocupo.

Pasan dos días. A la noche el tipo ya no podía dormir. No se animaba a ir a pedírsela, le daba vergüenza. Espera, espera, espera; hasta que al final, al quinto día, va y le toca la puerta.

- Buenas...

- Buenas -le dice el otro.

- Vengo por el ánfora.

- ¿Cómo? ¿No se enteró?

- Si me enteré de qué.

- Murió.

- ¿Cómo que murió?

- Sí, sí, el ánfora; estaba embarazada, se murió en el parto.

- Pero, dígame una cosa, ¡¿usted se cree que yo soy pelotudo, que me voy a creer que un ánfora se embaraza y se muere en un parto?!

Entonces, el otro le contesta:

- Mire vecino, si usted se creyó que la olla tuvo cría y que la pinza y el destornillador eran pareja, ahora ¿por qué no se va a creer que el ánfora murió en el parto?

Público en general: *(Risas).*

J. B.: Yo creo que con el tema de <u>hacer sentir</u> pasa lo mismo. Si yo soy capaz de creer en lo bien que te hago sentir, si yo soy capaz de pensar que te hago feliz, ¿por qué no voy a creer después que soy la causa de tu infelicidad? Si yo compré y avalé que tu felicidad se debe a mí, ¿por qué ahora no voy a creer que tu infelicidad también se debe a mí? Una cosa viene con la otra. Si me puse en la situación de creerme el primer verso, me voy a creer el segundo. Por lo tanto, me parece importante terminar con estas historias y asumir humildemente que no soy capaz de hacer sentir bien a nadie, y por supuesto, que nadie es capaz de hacerme sentir nada a mí. Yo soy capaz de sentir las cosas que siento.

Volviendo a nuestro tema. El otro no es capaz de hacer me sentir culpable. Suponer que el otro tiene ese poder, sería ponerse en manos del otro.

Señora peinada como mi mamá: Pero el otro sí te hace sentir, ¿cómo que no? Una persona te puede inspirar sentimientos.

J. B.: Los sentimientos son otra cosa. Yo no digo que vos no puedas enamorarte, digo que nadie te puede hacer sentir. Por ejemplo, yo estoy al lado de mi mujer y me siento feliz, al lado de ella me siento contento, me excito, me enojo, etc. Pero soy yo; yo siento con ella, no es que ella me haga sentir. Y a veces ocurre que, afortunadamente, ella también siente. Y lo siente ella, lo siente conmigo; no es que yo la haga sentir.

Esto es parte de un planteo que gira más bien alrededor de la lucha por la conquista del poder. Creer que yo soy capaz de hacerle sentir al otro es una historia de poder.

Nato: Ahora sí está claro. Entonces se dan vuelta todas las cosas.

Chica de voz afectada: Porque esto te cambia una historia, la historia de poner las cosas en el otro.

Armando: *(Muy resuelto)* Hay un ejemplo muy simple para darse cuenta de esto: una misma persona hace a uno feliz y a otro infeliz.

J. B.: "Una misma persona" no hace feliz ni infeliz a nadie.

Armando: Quiero decir que, en la retórica habitual, una misma persona a este le hizo bien y al otro mal.

J. B.: No.

Armando: Mejor dicho, este se sintió bien con aquel y ese otro se sintió mal con esa misma persona.

Nato: *(Satisfecho)* Ahora sí...

Armando: Pero uno es el mismo. ¿Qué quiere decir? Que es el otro, no uno.

Madre que estudia psicología: Si con un montón de personas a vos se te despierta el mismo sentimiento, más vale que empieces a pensar qué pasa con vos. Eso también es interesante; porque no es sólo el otro que siente, sino que uno también inspira. Habría que verlo en una generalidad de casos.

J. B.: Más o menos.

Mi abuelo nació en Damasco, y entre las tradiciones que viajaron con él a la Argentina viajó también el anís turco. Así que mi abuelo tomaba anís. Y se agarraba cada curda... Como él decía, el anís era muy fuerte, y entonces un día empezó a tomar anís con agua -para rebajarlo-, pero igual se emborrachaba. Así que dejó el anís y empezó a tomar vodka con agua, pero igual se emborrachaba. Entonces cambió otra vez y empezó a tomar cognac con agua, e igual se emborrachaba. Whisky con agua, e igual se emborrachaba. Vino con agua, e igual se emborrachaba. Hasta que un día suspendió el agua.

Público en general: *(Risas).*

J. B.: Es demasiado simplificador asegurar que si yo tengo problemas de vínculos con 4 ó 5 personas eso garantiza que el problema sea yo. Yo soy responsable de lo mío, pero vos sos de lo tuyo. Acá viene el tema. ¿Qué significa la palabra responsabilidad? Nosotros estamos demasiado entrenados para creer que la <u>responsabilidad</u> tiene que ver con la obligación, y no es así. La palabra responsabilidad tiene otra raíz, otro origen que no está vinculado con las obligaciones.

Señora de saco negro: Deriva de "respuesta".

J. B.: Sí señora, exactamente, de ahí viene la palabra. <u>Responsabilidad</u> es la habilidad de respuesta. Ser responsable es <u>responder</u> por mis acciones. Alguien deja un vaso a mi cuidado;

el vaso se me cae y se rompe. "¿Qué pasó con el vaso?", pregunta el dueño; y yo contesto: "Se me rompió a mí" .

Aclaro algo más. Cada uno de nosotros es absolutamente responsable de todo lo que hace y también de lo que no hace. De lo que dice y de lo que se calla. Pero no por esto vamos a hacernos responsables de lo que el otro sienta con lo que uno haga. Vamos a volver al ejemplo de la charla de hoy. Yo no me puedo hacer responsable de que vos te sientas mal por lo que yo digo. Yo hago lo mío, y si alguno de ustedes se siente incómodo, será su historia. Vos te sentiste mal, él se puso contento, a él le dio lo mismo, ella se divirtió un montón... No soy responsable de esto ni de aquello; mi responsabilidad está restringida únicamente a hacerme cargo de lo que yo hago. Supongamos que viene uno de ustedes y me dice: "Jorge, vos dijiste esto y todos nos sentimos mal". Yo le respondería: "Sí, eso dije" y quizás agregara: "Lamento que se hayan sentido mal." Pero seguro que no me iría a mi casa pensando en que 200 personas se sintieron mal por mi culpa...

En resumen, creo que hay que bajarse de las historias de la culpa, que hay que recanalizar las broncas no actuadas, hay que dejar de sentirse culpable y empezar a sentirse responsable de las cosas que uno hace. Es necesario para nuestra salud y desarrollo que nos demos cuenta de que nosotros no tenemos ninguna obligación de responder linealmente a las exigencias de nadie, que ni siquiera tenemos derecho a esperar que el otro cumpla con todas nuestras expectativas. Significa, entender aquello que Fritz Perls llamaba La oración Gestáltica y que de alguna manera es para mí la base de todas las relaciones interpersonales

(Jorge anota la Oración en el rotafolios)

> " YO SOY YO Y VOS SOS VOS,
> YO NO ESTOY EN ESTE MUNDO PARA LLENAR TUS EXPECTATIVAS
> Y VOS NO ESTÁS EN ESTE MUNDO PARA LLENAR TODAS LAS MÍAS,
> PORQUE VOS SOS VOS Y YO SOY YO. "

Siguiendo este razonamiento, nos guste o no nos guste, cada uno se tiene que ocupar de sus propias expectativas y de sus propias limitaciones. Claro. No es lindo. Nos gusta mucho más creer que somos más poderosos; sentir que tenemos el poder de hacer sentir bien al otro, de hacerlo sentir mal, de obligarlo, de manipular su culpa, de satisfacerlo...

Madre que estudia psicología: Te calma la angustia de sentir que estamos solitos.

J. B.: Lo que calma la angustia es darnos cuenta de que no somos omnipotentes. Quizás sea la estúpida exigencia de nunca equivocarnos la que desemboca en que nos asuste nuestra impotencia.

Y ya que estoy hablando de omnipotencia, voy a aprovechar para otra vez desmistificar la idea del pobrecito que carga con toda su mochila de culpas. En el proceso de la relación con el otro, es indispensable para sentirme culpable que yo crea que podría haber evitado hacer lo que hice. En nuestros términos, debo poder ser responsable de mi acción. Es muy difícil pensar que alguien pueda sentirse culpable por el terremoto de Los Ángeles... Y sin embargo algunas veces sucede. ¿Cómo se explica? Sucede que el hecho de que yo <u>no sea</u> verdaderamente responsable, no evita que yo me crea responsable. Y eso es particularmente posible cuanto más poderoso me crea. Cuentan en España que los argentinos somos tan soberbios, que si uno se cruza con un porteño en Madrid y le dice "Qué hermoso día", el argentino contesta: "Se hace lo que se puede....". Y es que estamos sindicados como soberbios, pedantes, prepotentes y llorones.

Pero vuelvo al tema. Cuanto más omnipotente me crea, más probable es que termine creyendo que yo podría y debería haber evitado el daño que el otro sufrió. Siempre me acuerdo de los cientos de casos de personas que han pasado por mi consultorio sintiéndose culpables de los accidentes de personas queridas, de los cuadros alérgicos de familiares y de las lluvias en las fechas elegidas por ellos para el pic-nic.

Si antes dije que detrás de un culposo se esconde un exigente, ahora agrego que se esconde también un omnipotente y -de paso, ya que estoy entusiasmado- un manipulador.

Señor de saco negro: Me acuerdo de haber leído un libro sobre la culpa, que hablaba sobre la personalidad Sertiva, o algo así, no recuerdo exactamente; pero me había impactado el tema de que la culpa se debía a que uno disfrutaba en negarse al otro.

J.B.: El libro seguramente era CUANDO DIGO QUE NO ME SIENTO CULPABLE.

Señor de saco negro: Sí, ese.

J.B.: Y habla sobre la Personalidad Asertiva, que es aquella capaz de defender una postura con vehemencia frente a las demandas ajenas. El libro que trae a cuento el Señor, que de hecho es bastante claro en este punto, viene a mostrar la otra situación. No es ya la situación de omnipotencia, sino simplemente el decir que NO lo que me conecta con la emoción dolorosa de la culpa. ¿Cómo es esto? Uno podría pensar que cuando dice que NO el propio placer no está involucrado, y entonces, este remordimiento no puede explicarse por la regla de oro de "No hay placer sin culpa". Pero atención, parece que escapa a la norma, y sin embargo, no es así. A poco de estudiar algunas de esas situaciones empezamos a descubrir que dicha culpa, la que sentimos al decirle que no al otro, siempre está relacionada con una pequeña cuota de placer. Aunque más no sea por la satisfacción de no hacer lo que uno no desea.

Ahora bien, ¿por qué debería yo sentirme culpable al hacer lo que yo quiero en vez de lo que el otro quiere? Es un misterio extraño que forma parte de nuestra educación judeocristiana. La idea que te fue inculcada es que deberías pensar en el otro antes que en vos, porque si no sos un egoísta. Y entonces, cuando pienso en mí, en mis deseos y en mis prioridades, me siento culpable, porque en ese solo hecho estoy contrariando pautas de generaciones y generaciones de ancestros que formaron esta cultura. Esta es nuestra educación. Y yo no estoy diciendo que esté de acuerdo; estoy diciendo que esto es lo que sucede. Aun cuando admitiéramos, como parte del proceso educativo en los niños, la necesidad de señalamientos que promuevan la actitud solidaria y la renuncia al placer inmediato, sigo sosteniendo que como adultos podríamos desembarazarnos de esa pesada mochila, y empezar a elegir libremente nuestras acciones sin sentirnos culpables sólo porque elegimos en función de nuestro propio placer.

Señora de uñas postizas: *(Con voz de maestra)* Pero para eso tenemos que romper con el molde de la educación.

J. B.: Es que yo creo que de eso se trata. Sólo a partir de romper con el molde de la educación que cada uno ha recibido se empieza a ser capaz de elegir la propia conducta, y sólo a partir de allí es posible dejar de sentirse culpable. Nosotros nos sentimos culpables cada vez que hacemos algo que se supone que no debemos hacer, pero como también se supone que no debemos dedicar nuestro tiempo y dinero al placer, entonces está claro que nuestras pautas educativas estén puestas al servicio de que no podamos disfrutar.

Abuela con nieto al lado: Jorge, vos hace un rato dijiste que yo me siento culpable cuando soy responsable del supuesto daño, y ahora decís que también puedo sentir lo mismo cuando disfruto mientras el otro sufre, ¿no?

J. B.: Sí, eso dije.

Abuela con nieto al lado: Sin embargo, hay una situación en que no pasan ninguna de esas dos cosas: Cuando vemos gente que pasa miseria o discapacitada sufriendo, ¿por qué voy a sentirme culpable, si yo no tengo nada que ver?

Señora de primera fila: Si es un ser humano igual que yo.

J. B.: *(Imitando el tono de las señoras)* Claro, si es un ser humano igual que yo, ¿por qué me voy a sentir culpable frente a otro que, por ejemplo, le falta una pierna?

Señora peinada como mi mamá: Claro, si Dios quiso que yo tuviera las dos piernas y a ese le dio una, ¿de qué sirve que yo me sienta culpable si no puedo hacer nada?

J. B.: Ahí está.

Abuela con nieto al lado: Pero nos sentimos mal igual.

J. B.: ¿Sabés por qué? Vamos a usar lo aprendido para explicar esta "excepción". Primero, tal como dijimos, un restito de idea omnipotente puede hacernos transitar la fantasía de que vos o yo podríamos eliminar la miseria del mundo, o sanar a todos los discapacitados. Segundo, si nos ponemos a pensar, no podremos dejar de sentir el placer que nos da tener, por ejemplo, las dos piernas. Y el último argumento, yo diría el terrible último argumento que aparece como un pensamiento que está por debajo, es... *(comienzan a oírse murmullos de inquietud).*

J.B.: Es...

Público en general: *(Voces superpuestas).*

Señora del fondo: *(No se oye bien)* ...erte...

J. B.: *(Señalando hacia el fondo del salón)* ¿Quién lo dijo?

Señora del fondo: *(Se oye un poco más)* ...erte que es él...

J. B.: ¡Eso es! Repetílo, por favor.

Señora del fondo: ¡Qué suerte que es él y no yo!

J. B.: Exactamente, ese es el pensamiento que tenemos.

Abuela con nieto al lado: No se lo decís.

J. B.: No, claro que no se lo decís. Nadie se animaría a decirlo. Yo tampoco. Nos sentiríamos monstruos si dijéramos esto. Pero esto es lo que genera esa culpa.

Abuela con nieto al lado: Pero vos nos cambiás todo. Ahora resulta que ¡el que ayuda es un monstruo!...

J.B.: No. Para nada. El verdadero solidario, el que de verdad ayuda a otros, es alguien que es capaz de ayudar no porque se sienta culpable, sino porque siente placer al ayudar. Lamentablemente, estos que han descubierto el placer de ayudar son tan poco frecuentes, que todas las asociaciones de beneficencia del universo se apoyan en la culpa para poder conseguir que la gente aporte; y lo hacen porque no consiguen nada de otra manera, no porque sea bárbaro. Pero cuidado, que no haya otra manera no quiere decir que sea una buena manera.

Señor gordo del medio del salón: Sentirse confortado por no estar viviendo la situación del otro es un pensamiento horrible. Pero ahora que te escucho decirlo me doy cuenta de que es verdad, ese es el pensamiento: que es una suerte no estar en el lugar del otro.

Señora de primera fila: Una suerte para vos.

J. B.: Sí, para él... y para vos... y para mí. Por eso me siento culpable, sobre todo por el placer que me da que sea él y no yo, ¿entienden? Me siento culpable frente a esta espantosa situación de ponerme contento porque él está sufriendo. Y entonces aparece la compensación: la defensa frente a mis verdaderas y profundas emociones, la necesidad de solucionar mi miserable opinión de mí, la decisión de ayudar, la caridad.

Por eso, muchas veces, cuando la caridad tranquiliza no es una buena acción. Es un acto de lo más mezquino. Es como estar diciendo: " Yo no tengo nada que ver, yo ayudé". La ayuda no enaltece cuando se hace desde la culpa. Hay que tener muy claro esto para poder decir que no y no sentirse culpable. Cuando estamos en un restaurante, más o menos caro, tranquilos, pasándolo bárbaro, y viene un chico y nos dice: "No me daría algo para comer...", es muy fuerte, no podemos decir que no porque nos llenamos de culpa, de verdad. No importa si es cierto que tiene hambre o no; él ha aprendido, o alguien le ha enseñado -da lo mismo- qué tiene que decir y en qué momento si quiere un resultado. Y me parece bien que haya aprendido eso. ¿Se entiende esto que digo?

Público en general: Sí.

J. B.: Ojalá cada uno de nosotros pudiera dar lo que quiere dar, pero no para solucionar la culpa. Ojalá cada uno pudiera soportar ser lo solidario que es o ser, perdón por la palabra, lo hijo de puta que es, pero ser cada uno lo que verdaderamente es. En definitiva, este es el desafío de ser un adulto.

Abuela con nieto al lado: *(Levanta la mano).*

J. B.: *(A la abuela...)* Perdón, si me deja, termino la idea. Aunque nos duela saberlo, a veces sucede que cuando en una casa hay un viejito, la familia tiene un extraño sentimiento de culpa. Hoy podemos darnos cuenta de que quizás esa sensación se deba a una incapacidad para aceptar ese envejecimiento, a tanta bronca hacia esa discapacidad, a tanta rabia hacia ese que de alguna manera arruinó el paraíso. Porque, en muchos casos, es el resentimiento hacia el anciano que el familiar no puede actuar lo que se transforma en culpa. Y llegados aquí, el familiar transforma esa culpa en un montón de sentimientos más nobles y generosos que son una porquería, porque son todos de plástico. A la cabeza de estas sensaciones está la peor, la más denigrante de las maneras de disimular la culpa: la lástima. Si la culpa es la transformación de los sentimientos auténticos en un falso sentimiento, la lástima es peor, porque ni siquiera es un sentimiento, es sólo un pensamiento basura.

Ahora sí... *(A la abuela con nieto al lado)* ¿Señora?

Abuela con nieto al lado: Le quería decir otra cosa pero ya pasó. Ahora quiero preguntarle ¿Y la compasión? ¿No es lo mismo que la lástima? ¿También está mal la compasión?

(Jorge se ríe con ganas).

J. B.: No. No, nada está mal. Y la compasión menos que nada. Yo no digo que tal cosa esté mal y tal otra esté bien. Con su permiso, voy a aprovechar este comentario para decir algo que siempre digo y no me canso de repetir. El hecho de que yo sea tan entusiasta en mis posiciones no me hace más sabio. El hecho de que yo hable como si dijera "Sólo un tarado puede pensar de otra manera" es una deformación profesional, un vicio de orador... Me disculpo por eso. Pero además les digo: Usen esto que escuchan para repensar sus propias cosas y NO para pensar como yo. Para pensar como yo... ¡ya estoy yo!

(A la abuela con nieto al lado) Le contesto a Usted: Yo creo que la compasión y la lástima se parecen sólo en la superficie. Cuando yo me siento culpable de tener y que vos no

tengas, entonces te tengo <u>lástima</u>. Cuando me alegra tener, para poder compartir con vos, soy capaz de apenarme por tu dolor sin sentir culpa. Eso es <u>compasión</u>. La lástima es el sentimiento de los soberbios, de los que se sienten por encima; es prima hermana del desprecio, y es casi lo peor que se puede sentir por alguien. Uno puede hacer cosas porque ama al otro, puede hacer cosas porque es solidario con el otro, puede hacer cosas porque tiene ganas de hacerlas o porque cree que tiene el deber y la obligación de hacerlas. Pero hacerlas porque el otro me da lástima, repito, eso es de lo peor.

Madre que estudia psicología: Pero sin culpa tampoco la humanidad hubiera llegado hasta aquí.

J.B.: Muy bien. ¿Vos sabés por qué?

Madre que estudia psicología: Porque la culpa es, en última instancia, lo único que impide que los hombres se maten unos a otros.

J.B.: Bien. ¿Quién más puede aportar algo sobre esta idea?

Señor de manga corta: Porque, a pesar de lo que vos dijiste, la culpa te obliga a ayudar al que necesita.

Señor de saco marrón: Si no, esto sería la ley de la selva.

Señor mayor: Yo creo que un poco está bien, pero demasiado no.

Nato: Para que los irresponsables se controlen.

Señora de uñas postizas: Es un freno.

J.B.: ¿Alguien más?

Celia: Es parte de nosotros y hay que aprender a vivir con ella.

Madre que estudia psicología: Es como dice Aguinis en EL ELOGIO DE LA CULPA.

J.B.: ¿Quién más leyó ese libro?

Público en general: *(Con las manos en alto)* Yo... Yo... Sí, yo... ¿Qué libro?...

Señor gordito: La culpa sirve para poder arrepentirse y no volver a hacer lo mismo.

J.B.: Muy bien. No dejen de leer el libro de Aguinis. *(Anota en el rotafolios)* "El elogio de la culpa - Marcos Aguinis". Maravilloso libro. Muy interesante.

De todos modos, yo quiero aprovechar que ustedes están acá para contarles que hay otra posibilidad. Otra manera de ver las cosas. La mitad de los psicólogos y psicoterapeutas del mundo creen que las cosas son así, tal como ustedes las contaron. Tal vez bastante más de la mitad. Pero hay otros que creemos todo lo contrario. Voy a hablar de lo que creo yo para evitar incluir, sin autorización, a mis colegas en esta posición.

Creo que la culpa es un subproducto exclusivamente educativo, absolutamente antinatural y decididamente pernicioso. Creo que la culpa es el símbolo emblemático de la neurosis. Creo que la culpa no tiene nada elogiable y no ha beneficiado a la humanidad en nada. Más bien ha dañado mucho a muchos individuos y con ello producido enormes pérdidas desde el punto de vista social.

Señora de uñas postizas: *(Contrariada)* Pero si no sintiéramos culpa haríamos lo que nos viniera a la cabeza.

Madre que estudia psicología: *(Sentenciosa)* Seríamos todos psicópatas.

J.B.: Para los que no saben, un psicópata es un individuo cuya patología consiste en un trastorno de límites. Un delincuente nato. *(Mira de pronto a Nato, el señor serio de la tercera fila)* Un delincuente... ¡Nato!

Público en general: *(Risas).*

J.B.: Para que quede claro, un psicópata es lo que en el lenguaje científico de Floresta llamábamos *(irónico)* ¡¡un reverendo hijo de puta!! Perdón, me refiero a alguien que puede hacer las peores maldades sin que se le mueva un pelo o hasta disfrutando de hacerlas. Y lo cierto es que pueden, seguramente, porque no sienten culpa. Los psicópatas tienen una incapacidad para identificarse con el sufrimiento ajeno y entonces ese pensamiento que vimos como generador de la culpa -"si yo estuviera en su lugar no me gustaría que me hicieran esto"- jamás pasa por su cabeza.

Todo esto es verdad, pero de ahí a pensar que es la culpa la que nos impide transformarnos en eso hay mucha distancia. Si tengo tuberculosis voy a tener tos. Pero pensar que si toso entonces me voy a volver tuberculoso, es estúpido. Como dice un amigo mío: No es lo mismo "Golpeá que te voy a abrir" que "Abrí que te voy a golpear".

Público en general: *(Risas).*

Joven con pinta de recién casado: Pero si es así ¿por qué la educación es tan culpógena?

J.B.: Tu pregunta es la llave de todo el planteo filosófico que se esconde detrás de estas dos posturas frente a la culpa. Si yo parto del preconcepto de un hombre esencialmente malo, dañino, cruel y destructivo, entonces tendré que crear los mecanismos para controlarlo (la represión y el castigo) y luego los mecanismos para que se autorregule (la culpa). Pero si yo partiera de la idea de un ser humano esencialmente noble, generoso, amoroso, solidario y creativo, entonces no necesitaría inculcar la culpa ni educar represivamente.

Pues bien, como ustedes se habrán dado cuenta, yo parto de este segundo concepto del mundo y de la humanidad. Y partiendo desde allí, la culpa sólo sirve para conflictuarnos, para volvernos más y más neuróticos, menos y menos auténticos. Lo cierto es que este señor que está aquí... *(señalando a Armando)* ...Armando, ¿verdad?

Armando: Sí.

J. B.: ...Lo cierto es que Armando no mata a su vecino cuando éste pone la radio a mucho volumen, porque no quiere matarlo y no porque la culpa lo frene. De hecho, la culpa frena sólo a los que nunca matarían. A los otros, a los verdaderos asesinos, no los frena ni los ha frenado nunca. Por eso, siempre que hablo de esto me acuerdo de una frase que un día se me ocurrió y siento hoy que refleja absolutamente mi posición:

LA CULPA ES UN BOZAL QUE LE CABE SÓLO A LOS QUE NO MUERDEN.

Y hace un ratito, cuando me di cuenta de la hora que era, me di cuenta de que debía pensar en terminar, así que empecé a buscar en mi cabeza un cuento para el final. Pero pensé también que hemos hablado de temas tan densos y movilizadores que prefiero terminar con esta historia de la vida real:

La madre vio a la hija que se preparaba para salir esa noche con su jefe, quien la había invitado por primera vez. Mientras la chica, que tenía 18 hermosos años muy bien puestos, se maquillaba, la madre empezó a llorar...

- ¿Qué pasa mamá? -preguntó "la nena".

- Es que <u>yo sé</u> lo que va a pasar esta noche -dijo la madre.

- ¿Qué va a pasar esta noche, mami?

- Esta noche, hija, tu jefe te va a venir a buscar en un auto lujoso. Te va llevar a cenar a uno de esos lugares caros con velas y músicos que tocan el violín entre las mesas. Después te va a llevar a bailar y a tomar una copa en algún lugar oscuro y mientras estén bailando te va decir de lo linda que sos y todo eso...

- Bueno, mamá. ¿Y qué tiene eso? pregunta la hija.

- Que después te va a invitar a conocer su departamento. Yo sé como va a pasar todo.

- ¿Y?

- Y el departamento va a ser uno de esos pisos modernos que tienen un balcón desde donde se ve el río. Y entonces mientras miren por el balcón él va a poner música y va destapar una botella de champagne. Va brindar por vos y por el encuentro y te va a invitar a mostrarte la casa... Y ahí es donde podría pasar la tragedia.

- ¿Cuál tragedia, mamá?

- Cuando lleguen al dormitorio, él te va a mostrar la vista desde allí y te va dar un beso; eso no me asusta. Pero después, hijita, después él te va a mostrar la cama y se va a tirar encima tuyo. Y si vos le permitís que se acueste encima tuyo, yo me voy a morir. Y si yo me muero vos vas a cargar con esa culpa por el resto de tu vida... ¿Entendés por qué lloro, hija? Lloro por vos, por tu futuro.

- Bueno, mamá, quedáte tranquila. No creo que pase eso que vos decís.

- Acordáte hija, acordáte... Yo me muero, acordáte.

A la hora señalada, un auto importado carísimo para enfrente de la puerta de la familia. Toca bocina, la hija sale, sube y el auto parte...

A las cinco de la mañana "la nena" vuelve a casa. La madre, por supuesto, está despierta sentada en el sillón.

- ¿Y, hija? ¿Qué pasó? Contále todo a tu madre.

- Mami, ¡es increíble! Todo fue como vos me dijiste. El restaurante, el baile, el departamento, todo.

- ¿Y?... ¿Y?...

- Pero cuando llegamos al dormitorio y él quiso subirse encima mío, yo me acordé de vos, mami. Me acordé de la culpa que me iba a quedar si vos te morías.

- Muy bien, hijita. Y te fuiste...

- No. Me acosté YO encima de él. ¡Que se muera la madre de él!

Público en general: *(Carcajadas y comentarios).*

J.B.: De todo lo que se habló aquí hoy, quizá sea importante que nos quedemos con una sola idea. Hay que dejar salir las emociones. Hay que sacarlas hacia donde van dirigidas. No reprimir, no tragarse las cosas, no retroflexionar, ni las buenas ni las malas, ni las positivas ni las destructivas, ni las mejores ni las peores. No acariciarme a mí cuando en realidad quiero acariciar al otro, no pegarme a mí cuando quiero pegarle al otro. No vivir regalando compulsivamente cosas cuando en realidad necesito que alguien me regale algo a mí. No vivir enojándome conmigo para no enojarme con aquellos que me llenan de sus expectativas. Entonces seremos auténticamente responsables de nuestras actitudes.

Si así lo hacemos, no habrá más necesidad ni motivo para sentirse culpable.

Y sin culpas la vida será mucho, pero mucho más placentera.

Muchas Gracias.

(Aplausos).

ÍNDICE

Esta edición se terminó de imprimir en
Indugraf S. A.
Sánchez de Loria 2251, Buenos Aires,